夕陽依舊燦爛

——前塵回憶錄

著——謝何修

博客思出版社

推

我今年八十歲，現一個人獨居，五十八歲時與太太一起自請退休，想移居台東過耕讀的日子。無奈太太於第三年即罹癌，從此經歷長達十五年的抗癌，於三年前逝世。

我民國五十六年畢業於淡江商學系，返校任會計助教一年，電算系助教一年半，於民國六十年進入國泰人壽任程式設計師，民國六十五年轉調國泰醫院籌備處，負責制度與流程設計。民國六十八年升任管理部主任掌管醫院財務、人事、業務與電腦化工作長達二十年。陪著醫院從小型地區醫院、中型區域醫院、大型醫學中心到擁有三家分院。是淡江養成了我，但確是國泰醫院成就了我。

民國六十年太太畢業於政大財稅系，那年七月考進銀行，十二月我們結婚。育有一子。退休時任分行經理。

我有今日，最感謝的是太太，與多位一路幫助我的貴人。

我更深信我是最幸運的人。

目錄

目錄

前言

回憶錄，我在六年前寫過，也請出版社幫我編印成書。印了一百本贈送給親近的朋友。雖然獲得不錯的迴響，但總覺得好像少了什麼。四月八日是水月逝世紀念日，讓我想起應該多寫一些她的付出。還有兒子的成長歷程。

為了看是否能將自己的故事說得精彩一點，還特地在網上買了十二堂編劇寫作課程三千元，昨天第二堂課，還是操作不順，在助理的協助下，雖提早進了教室，但卻不知怎麼跟老師互動。聽到老師說知道的打１不知道打２，但我就是找不到可打字的地方，一直到下課。

其實，我已開始有點擔心了，這目標似乎訂得太高，超乎我的能力了。我的體力、視力、文學能力都會無法支撐這樣的構想。但筆電還是買了，透過尹先生的幫忙，花了二萬五千五百元買了一台華碩 x515 筆電，也開始練習中打了。希望將二〇二二年四月八日訂為正式開工日。完工日訂在四年後的四月八日。

輕鬆點，就把它當作在種花、種菜、養鳥、養狗，給自己增添一項帶有情趣的工作，也可以自由打發每天漫長的時間，也可把它當作自己修身養性、靜心的一種方式。

順其自然，靜待四年後，看是否會意外地獲得一項成果，而讓人驚喜。就算沒有完成，也沒關係，就讓它永存於這筆電中。因我應已享受到寫作過程的樂趣。

這篇算是開工第一天的作品。

勇敢點，開始吧！

第一章　緬懷亡妻

第一節　那一天

二〇二〇年四月八日……

是我最難忘記的一天，也是我內心最受驚嚇的一天。

記得清晨，我尚在半夢半醒之間，依稀聽見樓下外傭急促的叫聲

「阿公！阿公！」

心一驚，意識到是她的日子來了？

快步下樓走近她的床邊，只看她用嘴呼氣，叫她已無回應。怎麼辦？

退出房間，告訴自己，要鎮定，不要慌，只有你了，要做決定。我隨即打電話給三總的居家護理師，告訴她目前的症狀。沉默一會兒：

「謝先生，你可能需要為她準備後事了，你有認識葬儀社的人？」

「有」

「很好，趕快通知他，他會幫你安排，你不要慌。」

我先打給兒子，再打給張先生。

「好，我知道了，我會盡快過去。」

外傭繼續在按摩她的手腳，她的呼吸似乎間隔愈來愈長了。我茫然，我不知要做什麼？時間似乎凍結了。不知過了多久，門開了，兒子到了。

「媽……，媽……」

張先生到了，他說他已通知派出所警員，也請一位開業醫師來開死亡診斷書。

警察來了，他走進房間做檢視，說：「等一下開好診斷書，記得送一份到派出所。」

車子來了，隨車禮生說醫師會在第二殯儀館等。禮生以熟練動作，恭敬的態度，將她裝入袋子背在身上，搭電梯到地下一樓停車場，抬上車子，我跟兒子也一起上車開往殯儀館。

醫師也到了，檢視後，一起在一間會客室開死亡診斷書。

隨後，張先生帶我們去看牌位的放置位址。教我們點香拜拜。他叮嚀可以每天都來給她上香，而法會時間他會安排，他會請法師來頌經，祭祀用品他會準備，我們只要按照他排定的時間到就可以了。

我用張先生為我們準備的電腦檔訃聞，利用 line 通知我所知道跟她還有聯絡的同學、同事、朋友、鄰居。

其他，我們只要照表行事了。

第二節　告別式

當天，天氣晴朗，有陽光。我大約在七點半到達會場。張先生也到了，會場大廳也佈置好了。靈堂上的照片是好不容易在電腦的照片檔找到的，放大後看起來還不錯。廳內佈滿了高架花籃，我同學會長還特地訂購了一對特大高架花籃佈置在大廳門口，很漂亮醒目。

里長夫人來了。

鄰居歌唱班的同學也來了許多位。

她的同學、我的同學、我們兩人的同事也來了許多人。

她妹妹、妹夫一家人都到齊了。

還有舅舅、舅媽、表兄、表妹都來了。

五歲的孫子也來了，他小小年紀卻已相繼參加了外公、兩位阿嬤的葬禮。

裡面的座位都坐滿了。我心想她一定很感動。

儀式在司儀的引領下，順利完成。在法師的帶領下，將遺體送進火葬場。張先生說預計下午一點可以領取骨灰。

下午一點半，張先生派了一輛休旅車，由兒子捧著骨灰罈，我們跟著他一起上了車子，直駛陽明山第一公墓的花葬園區。

兒子選好位置，將骨灰埋入土中，完成今天所有程序。

這是我第一次來到的地方，我靜靜坐在涼亭的石椅上，環顧四周，我突然覺得這好像是她跟我提過的地方，之前的一個晚上，她跟我說，她父親來帶她到一處種滿花草的園區，是一處很美麗的地方。我感覺我這次的決定是對的，是符合她的心意的。

我也開始意識到，她已從我們中消失了。

我一片「空百」。

第三節　近水樓台先得月

我認識水月已是五十五年前的事了。

我大學畢業，被分發到桃園大園空軍基地，擔任中隊補給官。星期六中午下班可以離營回家。星期一回營趕上班即可。有一天發現對面遷來一戶新人家，除父母外，還有一對姊妹，妹妹還小，應該是小學生，姊姊應是高中生。我們偶會照面，她會笑笑點頭，我也點頭回應。我們都知道是對面的鄰居。

在一個清晨，我走出家門，要趕去車站搭六點的頭班車回軍營報到時，看到對面的小姊姊也開門出來了。抱著幾本厚厚的書，應該是一位大學生。

當時公車班次很少，趕頭班車的人很多，每次隊伍都排得長長的，上了車也很難找到位置坐，通常車上都擠滿了人。每次看她瘦瘦小小的，一手抱著書，一手要抓著上面的桿子，擠在人堆中，有點不知所措。

這天我特地提早出門，排在前面幾位，看她也來了，排到後面。上車我搶坐門邊的座位，她上車我隨即站起來，示意要她坐下，她看我一眼，微笑著小聲說謝謝，立即快速坐下。卸下衿持，開始聊開來。她說她是政大財稅系大一新生，因禮拜一早上第一堂有課，所以必須趕這班車。

從此星期一早上，已成為我所期待的時間。有時候她也會提早出門，一起走到站牌，一起排隊，一起上車找位子，坐在一起，聊到下車互道再見。有天，快下車時，我問她：

「下星期日我們一起出來玩，可以嗎？」

她立刻回說：「好呀。」

每逢週日，我們開始相約到台北近郊健行，吃路邊小店的陽春麵，而較多的週日是在她家陪她做功課，因為當時我是一個道地的窮小子，實在沒有多餘的零用金可以帶她出去玩。

雖然不久就退伍了，但我又選擇回學校當助教。每月薪資只有新台幣一千五百元，一千元要給媽媽補貼家用，剩下的要付我的車資，午餐費，已所剩無幾了。還好，她不在意。

她偶而會利用沒課的時間，到我學校來旁聽我帶課的樣子，其實，她有高中的同學在我的班上。

記得有一次，下課在走去火車站的路上，有幾位同樣要回台北的女同學陪我一起走。有位同學突然問我：「你是不是在跟我同學水月在交往？」

我本能地以謙虛的口吻回說：「沒有了⋯⋯。」

有天她怯怯地問我：「你說，沒有了⋯⋯，是什麼意思？」

「哇！」

還好，她沒有繼續追問下去。

我們就這樣穩定交往四年。在她大四那年，我轉到國泰人壽上班，擔任電腦程式設計師，獲得較優厚的待遇，記得每月薪水是四千多元。那年七月她畢業，考進合作金庫，被分發到基隆分行上班。

在我一位叔叔的鼓勵、催促下，並主動借我二萬五千元，我們終於在那一年（民國六十年）十二月三十日結婚了。結束了四年的愛情長跑，婚後第三天，我們去日月潭住兩晚，開啟我們共同的人生。

第四節　照顧家人

結婚後我們住在父母的家，每月由我給媽媽四千元補貼家用。三餐、家務還是由媽媽打理。但是她也是戰戰競競的，謹守分際，除了自己的衣物留下等下班自己洗外，也會主動幫忙洗碗、整理廚房等。

因她上班在基隆。每天都要比我早出門，晚到家，晚餐經常是一個人，因為其他家人都已先到先吃了。我也一樣，大多時候也沒有等她，甚至第一年的年夜飯也是如此的情景。當時我並沒有覺得不妥，因為我們從小就是這樣。但她就覺得很不習慣，她忍了，她沒有立即跟我抱怨。直到多年後……。

不久，她懷孕了。

民國六十一年十一月三日，兒子出生了。

這是她的骨肉，是她一生要照顧的家人。她知道，我的薪水都交給媽媽了，所以養兒的錢都要靠她了。媽媽似乎也分得很清楚，奶粉快用完了，都會跟她說：「奶粉沒了」，等她買回來。記得，兒子週歲那天，父親還請了師傅到家辦了五桌酒席，風風光光地宴請親友。

約一年過後，媽媽開始跟我商量，要我讓出家裡的房間給弟弟結婚用，我們可以在附近找個房子住，白天可以幫我們照顧孫子。

考量後，我們也覺得應該，所以開始積極在附近找房子，媽媽也拜託鄰居幫忙。

就在這段時間，她父親中風去世了。只留下岳母與妹妹。而岳母每天要外出工作。我只知道她們一家四口，是在八七水災之後，北上台北租屋生活。從我認識她至現在，她們已搬了好幾次家了。

沒多久，有訊息了，鄰居告訴我們，距我們家走路約十分鐘的街上，有一戶二樓的房子要賣。經幾次協商，要價三十二萬元。她說我們的錢不夠，我說不足部分妳可先向銀行借。

幾天後，她突然跟我說她打算將她媽媽與妹妹帶來跟我們住，因她實在不放心她妹妹經常必須一個人在家，沒有人照顧。反正我們新房有三間房，我們跟兒子可住較大的一間，其餘兩間一間給媽媽一間給妹妹。

我想也是，我們不能不管，不該讓她媽媽帶著還小的妹妹在外四處租房子住，尤其妹妹放學後要一個人等媽媽回來，而媽媽回來可能已很晚了。假日更是整天要放妹妹一個人在家，三餐要自理，確實讓人不放心，也不安全。我很快回說：「好，應該的。」她臉上立刻浮起笑容，接著說：「你可以跟媽媽說買房的錢，一半是她跟她的媽媽拿的。」她真體貼，但我相信我的家人是不會有意見的，應該也會認同。

買房的過程進行得很順利，但最後出現了一段小插曲。到交屋時，現住的房客遲遲不搬，房東似乎已不知該怎麼辦，房客是一位小學老師，跟屋主同一個學校，她說她已在幾個月前就通知他房子不續租要賣了，最近也一直催他，可是他好像還沒要搬的樣子。這時候我父親出面，他一個人跑去找那位房客，當街給他大聲咆哮，嚇得這位老師在第三天就搬走了。

等待裝修完成，我們就興沖沖地搬到新家了，當然包括岳母與她妹妹。這是我們兩家重要的里程碑，開始有屬於自己的房子了。尤其是她，非常的興奮，她已可以幫母親照顧妹妹了。

從此白天，一大早就抱著兒子到我媽媽的家，請我媽媽代為照顧。下班先到媽媽家，吃完晚餐後再抱著兒子回我們自己的家。日復一日，除假日外，每天不管颳風，下雨，甚至冬天吹著冷冽的寒風，都一樣，都必須這樣來回走著。現在回想起來，兒子也很辛苦，早上在睡覺時被叫醒，晚上天黑才回家。更辛苦的是，兒子生病時，都是她請假，一個人抱著兒子到醫院看醫師。她不要我請假，怕影響我的工作。只有假日我才陪著她到醫院。記得兒子常生病，還好多半是在假日。

晚上兒子哭鬧，她都很快起來，抱著兒子走出房間，希望兒子趕快安靜下來，以免將我吵醒。但大多時，我還是必須起來輪替，好讓她睡一會兒，明天大家都還要上班。

兒子跟我們同住一間房間，開始讓他睡嬰兒床，長大一點，就讓他睡地板，一直到他上國中，媽媽的妹妹出嫁後，才開始讓他擁有自己的房間。但睡地板已成習慣，到現在還是喜歡睡地板。

第五節　婆媳之間

我知道，她很努力，她想做一位好媳婦。她一心想得到公婆的喜歡，想得到我兄弟、我妹妹接納她為家人。當時，我兄弟、妹妹都已開始在外工作，難得在家，偶而相見，相處是不會有問題。我媽媽更應該很高興，愛屋及烏，不會對她不好。何況她又那麼乖巧，善解人意，會主動幫忙家事，每個月都會給媽媽家用的錢。而這筆錢已是我家經濟的主要來源。也從此讓我媽媽再也不用跟柑仔店賒帳了，不用跟鄰居借米了。可以大方地上菜市場採買比較昂貴的蔬果，很受攤販老闆的歡迎，看到她都會大聲跟她招呼：「今天要買點什麼？」已開始享受上菜市場的樂趣。是她人生重大的里程碑。

至於我父親的大男人行徑，她說有點怕怕。我說你不用怕，我們都是這樣長大的，忍一忍就會過去的。但最後我媽媽決定不忍了，帶著妹妹一起搬到關渡，讓我父親一人住內湖，任他隨心所欲，眼不見為淨。

一天早上，我父親被鄰居送來急診室，醫師說是中風，雖然輕微，但乃需住院一段時間，將來出院後，不要再讓他一個人住，需要有人照料。

怎麼辦？當天下班，我立刻到關渡，請媽媽幫忙，媽媽為了不讓我為難，勉強說好。但她說這裡已沒有房間讓他住了。我立刻想起前陣子，媽媽說隔壁的房子一直空著，房東想賣，我馬上跟媽媽說：「明天幫我問問，看是否已賣出，如還沒有，告訴他，我們買了。」

回到家，立刻跟她說明情況，她也很快說好，使我鬆了一口氣。很快跟房東簽約，房東也答應讓我們先進去裝潢。媽媽也在當地找到師傅，很快進入施工，進行隔間、粉刷、並將兩戶相連的隔間牆打開一道門，以便可從內部互通。裝熱水器、冷氣機、添購家具、日用品。很快就完工了，空間變得很寬敞，媽媽覺很滿意。父親出院，就直送關渡由媽媽照顧了。

幾年後，父親第二次中風，臥床不久就過世了，媽媽開始過著她人生最愜意的自主生活，大約十年的時間，後來也中風了，需要有人照料，我妹妹決定帶她到紅樹林跟她一起住，由她來照顧。關渡的房子空出來了，我決定賣了，在仲介貼出廣告的第二天就賣出了。

我媽媽住關渡這二十年，每個月我都會在假日，帶著她與兒子去看媽媽，與媽媽一起用餐，她一進門，就會主動進廚房幫媽媽做菜。較晚到的大嫂，媽媽總是將她趕出廚房，要她去客廳看電視，而弟妹總是躲在房間，要等大家上桌才出來。次數多了，她覺得委屈了。有時會在回家的車上流下眼淚哭出來，兒子在後座也跟著掉下眼淚。

我想勸她，但好像愈勸愈傷心。媽媽總是會比較疼大的、疼小的，有好吃的、有好的東西，都會想先給大的，或給小的，她說有一次媽媽在把玩她那幾十顆戒子時，她也在旁一起看，媽媽撿起一顆比較大的，看著她說這個給大嫂。當晚她大哭了，說她不是要戒子，是認為媽比較不疼她。

我曾問媽媽是否比較不喜歡她，媽媽說：「怎麼會呢？她比較體貼，比較懂事。」

唉！我能怎麼說呢？

這個心結，我猜她終其生都沒有解。她一生辛苦的為每一位家人付出，還好，還來得及看到孫子的誕生，看到他學爬行，看他努力一遍一遍學爬樓梯，學著站起來，學著走路，有機會牽著她的小手，漫步於公園，享受到這一段無可比擬的天倫之樂。

更令我感激的是，她並沒有忘記我，還特地為我的餘生留下這段黃金時光，放我自由地追尋我的夢想。

第六節　職場生涯

她畢業那年，合作金庫銀行首次對外公開招考大學畢的女生，作為儲備幹部。她被錄取了，被分發到基隆分行。

因是第一批大學女生，所以也倍受注目，獲得不同的對待。也可能她比較幸運，長官都很疼她，同事也都很喜歡她。對一位普通高中畢業的大學生而言，初進銀行，從櫃臺工作開始，最辛苦的是不會打算盤，結帳時傳票打得很慢。當時是人工作業，結帳慢一分鐘，大家就得晚一分鐘下班。還好，她周邊的幾位同事都樂於幫忙。她也很努力，幾個月後她已可以跟上大家的速度。這些同事後來都成為好朋友，一直到退休都有在聯絡。

銀行為了內控的需要，通常都會徹底執行輪調制度，每三、五年就會調動一次。約在三年後，她被調到松山分行。到她退休，記憶所及，她工作過的分行有：西門、東門、忠孝、信義、古亭、仁愛最後東湖。古亭是接收十信的分行，巧的是該分行經理，竟成為我的同事，轉來擔任醫院總務部主任。因此她常聽到她的員工在談論國泰醫院的事，而她竟然不知道，怪我為什麼都沒跟她說，我說應該都是一些八卦吧，不用理她們在說什麼。

銀行人員的升遷，是按照年資、考績排列等候的。職位分辦事員、專員、襄理、副理、經理一步一步晉升，每一職位還分三等，所以每年的考績就很重要了。如能年年得甲等，那就可能較快升上高一層的職位。她認真、敬業的工作態度，主動熱心地協助上司解決問題，每年考績得甲，對她來說已是常態了。再加上她參加員工職訓，經常是以第一名結訓，對她的晉升有很大的幫助。所以她順利地以較快時間升上副理職位。

但等候升經理時，就不一樣了。每年呼聲都很高，同事都跟她說「今年一定會升經理。」可是一年一年過去，榜單卻都沒有她的名字。她開始覺得失落，失去自信了。

我勸她不要太看重升遷，尤其經理的職缺很少，排隊等候有資格的副理很多，光靠工作績效的條件已不夠了，人選的評選一定會加入其他的條件，如你的人脈寬不寬，你是否善於建立人際關係等。

還好，那年合庫要增設新的分行，需要多晉升幾位經理人員，她被選中了。籌備工作很煩雜，要自己跑管轄的政府機關申請行址的核可，自行對內招募所需的幹部，申購設備，請領用品，更重要的是要開始拜訪客戶，請他們在開幕那天前來捧場開戶。因她勤於拜訪，往來的客戶逐漸增加，第一年業績勉強過關，第二年她已想將分行升等，增加服務項目。但知道我要提早退休，她立即決定陪我一起申請優退。

她在合庫三十二年的職場生涯，在業務上我們有互相支援往來，我記得各有一次。記得一次是她問我可不可以到她的分行存款？她們需要業績。我說可能的話，必須是定存，她請示過她的經理，說可以。我指示出納去存了兩億元。其實，當時其他銀行都不願意收大額定存。

另一次是我請她幫忙，因關係企業國泰產物剛設立，需要支援，醫院兩個行政部門，都被列為支援單位。時間一月一月過去，每月公布的業績進度，我的單位一直掛零，而隔壁的總務單位，業績都是名列全關係企業支援單位的前茅。年輕的老闆都替我著急，告訴我「你也可以跟與醫院有往來的供應商招攬呀！」真是有苦難言，雖然每個月有幾百家廠商會來管理部領貨款，但她們並不需要跟管理部的人打交道，他們不用問，不用拜託，只要每月按固定的日子，就可以來管理部領到一張即期支票。即使向她們開口，他們也都已將業績交給向他們採購的總務部了。

她向曾工作過的幾家分行經理開口拜託了，希望可以轉些產險的要保單給我，讓我拿去向國泰產險投保，給我作業績。這幾家分行經理都爽快答應。沒多久，要保單一批一批轉過來了，我的業績開始由黑轉紅，超越目標，年輕老闆也鬆了一口氣。

她工作過的分行，離我醫院最近的是仁愛分行，當時，她已是副理。在一樓有一張大辦公桌，有一組大沙發，是一樓的業務主管。醫院有些科主任、副院長到她分行，都會進去跟她話家常，他們要辦的事，她會交給櫃員幫他們辦好。但職場是隨時有風險的，竟然有耳語傳出，她會到醫院拿錢。我記憶所及，她在上班時間，從來沒有進入過管理部的辦公室。還好，製造耳語的應該不是一位專業的人，流言止於智者，連董事長都不信。

她自奉甚儉，為了上班的需要，她每年春秋兩季各買兩套衣服，而都在同一家店，購買同一國內設計師的品牌。價格都在一套幾千元內。手提皮包也是，兩三年買一次，也都是國內品牌，價錢不會超過萬元。她從不買鑽石、各類寶石。

她只會將她的存款拿來買一張一張的定存單。這是她累積財富的秘訣。曾受她經理的公開讚許。

她在民國九十一年十月一日優退了，而我是在民國九十二年二月一日退休，但我們卻是同一年民國六十年各自走入目前的職場，我是四月一日到國泰人壽報到，她是七月一日到合作金庫。

應該可以算是「同進同出，從一而終」。

第二章　成就之路

第一節　職涯前的學習

每一個人進職涯前的學習途徑是不同的，從普通中學畢業的我，大學應是進入職業的學習場所。高中三年在校成績還算在前段班，但英文成績很差。記憶能力也覺得不如同學，我知道有同學在背英文字典，有同學已可以背誦歷史、地理課本。甚至有同學可以背誦三角習題與解題。

聯考前一個月，與兩位同學住進碧山巖地下室禪房，想再苦讀一個月，可是沒那麼容易，「心」一直安定不下，書讀不下去，雖然手捧著書本，眼睛卻不時飄往登山道路，看看有沒有遊客上山。整天山上太安靜了。

下山時，我們每一個人都先在廟裡求神、拜拜、求籤，當廟公解籤時明確告訴我：「你今年不會考上。」真的神準，我落榜了。

「碧山巖」不愧是我們內湖人的信仰中心。

落榜在家，不知做什麼？也不想做什麼！沒有人跟我說什麼。自己也沒感覺，好像又是一個暑假的開始。當時，父母並沒有急著要我找工作，雖然哥哥初中畢業，即被我父親帶到一家五金行當學徒，住在店裡，過年吃完年夜飯才回來。弟弟也是初中唸完，就自己急著跟一些堂兄到礦場打工。我還是不知不覺，過著「往日」的時光，跟著鄰居小孩，整天玩樂一起。偶而也跟著鄰居的阿伯到附近的池塘釣魚。

日子一天一天飛快逝去，半年的光陰就過去了。奇怪，自己似乎已開始有了變化。心底經常清晰地浮現一個問題自問「你將來想做什麼？」緊接著以嚴肅的口吻問「你能做什麼？」我從小知道自己比較會讀書，考大學時，我猜全村的人都在看我有沒有上榜。我是那年全村的希望之星。除了讀書，我真不知我能做什麼。半年過去了，我開始自主地重拾起三年的課本，默默地準備再考一次。

第二節　考進淡江大學

放榜了，這次終於在榜單尾端找到我的名字。

現在我用「淡江大學」只是為了讓大家一看就知道是那間大學。其實我考上的是「淡江文理學院」，而聽說在兩三年前它還叫「淡江英專」？我心裡已感覺毛毛的。我似乎患了「英文恐懼症候群」，是被高中那位英文老師罵出來的。每週上課總有一堂要被叫到黑板前排排站。

「你唸那間學校？」

「成淵初中。」

「那間學校也該廢了，改種稻子，每年還會有收獲。」

「你，唉！算了……。」

此幕週週上演，因為週週都有小考，而只考文法。我對英文句中所謂過去式、現在式、未來式一直沒弄懂，其他就更不用說了。老師一身英國紳士打扮，帶一頂黑色高帽，手拿黑色雨傘。讓同學最津津樂道是第一天上課，台上放一本厚厚，黑色，大大的英語字典。告訴同學：「那幾位同學自告奮勇一個一個上台來，打開台上字典的任何一頁，在那頁任選一個字，將它抄在黑板上，老師可以馬上說出這個字的中文意思。」

哇！真的，好像沒有他不認得的字。最後老師說：「你們幾位同學可以合力找出一個最長的字，我可以馬上說出它的意思。」

我記得大約二十幾個字母拼成的字，一樣沒難倒老師。同學抄到一半，老師已開始拼出後面的字母與中文意思，跟字典完全一樣。讓同學佩服得五體投地。許多同學受教於老師而獲益良多，英文成績大有進步。背字典的同學也變多了。只是對我沒有感覺。

新生報到這天，是我第一次看到這間「大」學。它雖列在榜單的尾端，可是當時的榜單只有一張報紙的四分之一版面。名字可以在上面被找到，已屬非常不易。心裡還是難掩興奮之情。

當天一早出門，等公車，轉搭火車，走路，爬好漢坡，好不容易，才走進校園。第一眼映入眼簾的校園，覺得學校好「大」，校園佈置得很漂亮，心裡暗自喜歡。尤其在校園中，那一間一間漆著紅色圓柱的教室，古色古香很具特色。

害怕的事總是會尾隨而來，辦完註冊，繳完學雜費，最後領取學校代辦的課本，至少有五本。一疊厚厚，有點份量。很好奇，趕快打開來看：「咦？怎麼都是英文字？」

再換一本，都一樣。心想：「不會吧！難道還是英專？？？」

「完了！今天所繳的錢都泡湯了。」

不行！這些錢是哥哥昨晚特地從公司借回來的，可能是他一年辛苦的薪水。

「怎麼可以！」

不，我一定要拼拼看，勇敢地闖一闖。

第三節　四年的大學生

開學了，我懷著一顆忐忑不安的心，認真聽每一位老師的講課。還好，每位老師都是用「國語」。我看周遭的同學，也都喜喜哈哈來上課，一點也不緊張。我想我應該也可以過關，何況，我也只能全力以赴，我必須將我的時間用在課本上。除了車錢、午餐的錢外，已沒有錢可以用來跟同學交往，一起玩樂。所以四年的時間，我並沒有交到朋友。但同學之誼，就是不一樣，莫言說：「有同學在的地方，就有美麗的風景。」

我知道，就算用盡我的全力，以我的資質，是不可能弄懂所有的課程。我必須有所選擇，我必須選擇一門較具技術性，比較容易找到工作的學科下功夫，其他只要不被當掉就可以了。以當時，我有限的資訊，我決定選擇「會計學」。

查看四年的課表，會計學是唯一四年都有的學科。大一是初級會計，大二是中級會計，大三是成本會計，大四是管理會計但列為選修。我真的很用功。四年的四本教科書，都是英文版，厚厚的，我努力一頁一頁從第一頁讀到最後一頁，剛開始，每頁都會出現許多單字，需要查字典，慢慢地單字少了，閱讀的速度加快了。

但真正帶領我走進這門學科的貴人，是大一的會計學教授，是一位資深教授。上課聲音洪亮，講話速度慢慢的，按照課本的順序，清楚地將會計基礎概念、技巧傳授給像我這類由普通高中畢業，初次接觸的學生。教授的教學經驗非常豐富。深知學生的學習障礙在那裡，到期中考時，我的學習進度已趕上坐我旁邊的同學，他是高職畢業的，雖然他在登帳、過帳、結帳、製表等技術仍然比我好，但對解題能力，我覺得已趕上他了，我已常成為他的諮詢對象。

大二那年，開學不久，突然被教授點名叫到講台前，交下一項特別作業。要我在兩星期內將教科書中的兩章翻譯成中文。我不能回說不會，只有硬著頭皮，小聲說：「好。」

費盡我洪荒之力，總算如期交貨。

大四那年的管理會計，我認定它是一本最高的會計學武功秘笈，它在告訴我怎樣看財務報表如損益表、資產負債表、現金來源去路表等。教我如何透過分析，從各項比例、增減率看出公司經營的問題。如何進一步追蹤，找出問題所在，讓身為公司管理者的你可以及時提出解決方案，使公司穩定的成長。

它也告訴我，會計要具有防弊的功能，會計要能隨時掌控庫存量，庫存品的採購點、提供每次的採購量、前次採購價等資訊供各層管理者決策參考。並要記住，不要讓管庫存的人兼管庫存帳。

課本也不斷在提醒我，要管好公司現金的流入與流出，因現金是魔鬼，它最會誘人犯罪。你必須要能主動知道，公司每一個營業點今天應該有多少收入，其中多少是現金，多少是支票、多少是信用卡、收據開多少張、作廢多少張。你都必須很清楚。不需等各單位通報。同時，你也必須掌握每天公司所需的現金支出。

教科書的最後一章作者寫了一段話，讓我很震撼，我已不記得全文是怎麼寫了，但我清楚記得他的意思：

你不要全然相信我在書中前面各章所說的，不要認為你都照我的話做，就可高枕無憂。管理還是在於「人」。你仍必須全神貫注，注意現場的作業細節，用對的人。

當時，我就有一種感覺，這本教科書很像一本「武功秘笈」，練成的高手，最後都會說「無招勝有招」。

經濟學也是我比較感興趣的學科，教授是一位任教於國立大學的名教授，他的講課方式真是一絕，上課都是坐著，從頭到尾都是用口述，一字一字慢慢的講，讓學生可以一字一字筆記下來，考試時，只要把筆記背熟照抄，就可得高分。我因沒有做筆記的習慣，所以考前都是跟隔壁同學借筆記，只要讓考卷填滿，就可以過關，不會被當掉。那年暑假，我實在沒地方可去，我就買了一本厚厚的中文版經濟學，每天苦讀，但還是不太懂，還好，後來也沒有多少機會用到它。

我最怕的英文課，教授是一位女士，聽說也是一位有名的英文老師，她念英文的音調很好聽。我每節課都戰戰競競地聽講。還好，她不太要求文法，僅鼓勵我們要多讀英文文章，甚至於沙士比亞的文章。每個月都會發下一篇英文文章，要我們念。

有一次，突然要我們寫一篇英文的作文，題目〈觀音山〉。從教室往外看，觀音山就在那裡。

我很緊張，很賣力，發了幾個晚上的時間，用盡我認識的單字、句子，拼拼湊湊，完成一偏頗具篇幅的巨作。因我之前從沒有寫過英文的作文。

當老師發下作文時，我大吃一驚，竟然用紅筆寫著大大的數子，八十五分耶！是班上前段班的分數，也是我從英文老師手中拿到的最高分。我想這次是我的小聰明幫了忙，我猜中了老師的用意。因之前老師要我們讀的文章中，有一篇題目是〈it is here!〉而我用它作為文章的結尾。

大學四年的生活，應該可以這樣形容：「度日如年，度年如日」。平時上課，都是家裡直到學校，學校直回到家，不敢轉彎。因為身上沒有錢。假日也不敢出門，也因為沒有錢。所有空餘時間，只有拿起教科書，強迫複習、預習課文。這樣的苦讀，當然偶會出現佳績。記得有一回，上「應用數學」課，教授在黑板示範解題。突然卡住了，而這題我前晚有預習過，教授在講台上愣住了，不知如何解下去，我突然很勇敢，上前替教授完成解題。不知教授是否記得，但就是他來信邀我回去擔任會計助教。

記得大三那年，有一門「人事管理」課，教授年輕留美，教學認真，並引進新的教學方式「個案研究」。有一次發下一個案例，是描述一個公司內部人員糾紛的案子，要我們同學分組，交出一份解決糾紛的研究報告。我這一組的報告我自告奮勇，由我負責撰寫。我將在家裡聽大人聊天所得來的「糾紛解決模式」，寫入報告，意外地獲得教授的喜歡，在報告最後一頁寫下批註：

「Good!!!!!!!!!」

抱著書，邊看書邊聽大人聊天，已是我讀書的習慣，太安靜反而心無法定下來，第一次參加聯考，前一月到山上廟裡念書，就是最好的證明。

小時候，是住在一間位於大馬路邊的日式木造小屋，父親是公務員，交友廣闊，幾乎每天都有鄉親來找父親聊天，或拜託幫忙斡旋鄉民間的糾紛。耳濡目染，對我以後在醫院的工作有很大幫助。

民國五十六年六月，我順利畢業了，隨即被分發到桃園大園空軍基地擔任補給官。也就是在這時間，我認識了水月。

第四節　返校擔任助教

民國五十七年七月退伍了，沒有其他想法，就希望趕快找到工作，因為我知道家裡需要我可以撐起家裡開銷。我是責無旁貸，因我是大學畢業生。當時內湖鄉下，同屆完成大學學業的同學僅有三位。

在父親的引薦下，我首先到一家大貿易商工作，從會計助理做起。這家貿易商應該很具規模，聽說還擁有貨船運送香蕉到日本。可是在中山北路的辦公室，我只看到六位工作人員。包括老闆、一位業務經理、一位總務小姐、一位會計小姐、一位就是我。

我坐在會計小姐的對面，第一份工作就是她派給我的，要我將一疊傳票的交易事項登錄到日記簿。

打開帳簿，心中不禁呼喊：「哇！好漂亮，阿拉伯數字寫得好工整。完了！我沒用過沾水筆呀。我也沒登過帳簿，字也無法寫那麼漂亮，怎麼辦？」

我先找一張舊報紙，拿著沾水筆，沾上墨水，臨時抱佛腳，開始練習。

對面的大姊抬頭看看我，問：「有問題嗎？」

我連忙說：「沒問題，沒問題。」其實，我身體已開始發燒，臉頰開始泛紅，「羞」得無地自容。

這樣的日子，熬了兩星期，看似有進步，但比起來還有一大段差距。我開始自忖，我真的要投入這個工作嗎？要靠這個工作短時間內脫貧是不可能的，這些會計基層工作我絕無法贏過高職畢業生。或應該換個跑道，從零做起，去學做業務，學做生意，找機會創業。但我覺得這條路也是漫長的，機會也是渺茫。短時間更是對家裡的經濟仍無法及時提供幫助。

或許參加高考捧鐵飯碗？但我更有自知之明，我並非是一位考試高手，何況以專業科目會計來說，我讀的是英文版，而公立大學大部分都用中文版。兩者考試題目差很大，我看過中文考題，大部分的題目我都無法看懂。

當時，高考的錄取名額是按全國三十五省的人口數佔比分配。台灣囝仔被錄取的機率，真是微乎其微。那時，我已知道有同學考進華南銀行，有人考進彰化銀行，有人進華航，有人到中油，大學四年都坐我隔壁的同學也已考進國泰人壽，可是我怎麼都不知道有這些招考的消息？

當正在徬徨不安時，幸運地，老天及時為我再開了一扇窗，我接到學校來函，邀我回校擔任會計助教。

我不加思索，立即回函說：「好。」

第五節　我的第一堂課

我印象中的會計助教，帶學生實習並不需要講話，上課助教會先點一實習題，要我們在教室當場做，做完交上講台就可以自由進出教室。所以整個兩小時的課，教室都是鬧哄哄的，助教一個人靜靜坐在台上，同學有問題舉手，助教就會趨前，幫同學解答。下課前再點兩題讓同學帶回家做，下星期繳回，讓助教批改。

我不甘心，我不願意做一位像家教一樣的打工仔。助教並不是我未來的職業，我希望能充分利用這段時間，增強我的功力，有助於出去找合適的工作。

因此，上課前，我在家做充分的預習，將課文一段一段地一再研讀，並仔細思考要如何解說，學生比較可以聽進去，比較容易瞭解。不斷以我過去的學習經驗，加入考量，在腦中一遍一遍地演練講課模式。

鐘響了，這是我的第一堂實習課，連續兩節，兩小時，中間休息十分鐘。我走上講台，教室坐滿五十幾位學生，靜靜地，一對一對眼睛注視著我，講台後的雙腿開始有點抖動，靜默幾秒後，我突然轉身，在黑板寫下我的名字，轉身簡短的自我介紹。慢慢地翻開課本，大聲用英語，念了一段課文，再按照我前晚預習的中文解說劇本，流暢的演出。中途雖然有聽到鐘響聲音，但我沒有停下來，學生也沒有躁動，在結束前，點了兩個習題，作為家庭作業，足足演出兩小時。

休息十分鐘，緊接著，另一個學系還有兩小時的實習課，我稍做休息，喝口水。起身要走向另一間教室時，咦，竟然忘了教室在那裡。上課鐘響了，我約遲到了兩分鐘。可是當我走進教室時，我吃了一驚，教室擠滿學生，安靜地等我上課。這次我的演出更從容，更順暢了，也是足足講了兩小時，中間沒有休息。

從學生聽課的神情，下課時的表情，我知道我成功了。這一學年，就這樣讓我盡情的演出，也讓我有機會將大一的會計學，重新研讀一遍，幫學生解說一遍，因教學相長的作用，更快速幫我瞭解了會計學，也貫通了大學四年的會計學，我發覺我已不需要再花時間去復習大二至四所教的會計學了，我覺得我已準備好了，只待機會來臨，就可以一展所學。

我知道我已是一位很受學生歡迎的助教，但我開始自問，這是我要的嗎？我很清楚，我需要趕快賺到較多的錢，因家裡需要，我也需要，那時我已有女朋友了。所以下學年還要繼續嗎？其實，我是不想，我不想以同樣的劇本，再重演一次。我無法保證可以維持同樣的熱情，以相同的水準演出。我想，我應該再出去闖一闖。

正當陷入要或不要的思考時，幸運地，老天又即時為我開了一扇窗。這天，系主任突出現在我辦公室，叫我跟他去見院長。這是我返校擔任助教一年，首次見面，院長說：「因理學院來要人，希望我們可以推薦一人到電算系擔任助教，我們想推薦你過去，你說好不好？」

我沒遲疑，立刻說：「好，謝謝院長。」

「那你這暑假要辛苦點，要參加他們開的『暑期教學班』學習電腦語言與電腦程式製作。」

我不知道我怎麼會答應那麼快，毫不遲疑？那時，我根本不知道什麼是電腦？什麼是電腦語言？什麼是程式？

第六節　轉任電算系助教

整個暑假又耗在學校上課了，這班是電算系以建教合作名義開的課，招收社會人士認識電腦，要付費。我免費。課程內容：

1.電子計算機的基本概念與設備介紹

2.電腦語言：

原始語言與二進位0、1的介紹

高階語言

3.作業系統流程圖的製作

4.電腦程式的繕寫

5.上電腦實習

開學後電腦實習課，是安排在電算系大三的課，重點都放在，幫忙學生製作，作業系統流程圖，程式的繕寫，與除錯。因教學相長，很快將自己訓練成製作電腦程式的高手。

沒有帶學生的時間，都在「電算中心」跟著學長實習。淡江電算中心，應是國內民間第一家電腦中心。擁有一套完整的電腦設備，包括：一台IBM1130主機，讀卡機、印表機、製卡機四部，人員有：主任，由系主任兼任、四位助教兼中心程式設計師、四位製卡機操作員。助教除我外，都是數學系畢業的校友。而我可能是國內第一位，商學院畢業的電腦程式設計師。

因有機會跟著學長實習，我很快知道怎麼操作這部電腦，什麼樣的工作適合這部電腦。中心除安排學生上機實習外，其餘時間都以建教合作名義，對外承攬工作。而都是政府機構的大量資料統計作業，如人口普查、工商調查等。有幾萬筆的資料需要製成卡片，四位小姐每天都很忙，打卡的聲音，整天沒有間斷，助教也很忙，不斷有新的程式要寫。很快我也被要求幫忙寫程式，協助上機、送件等工作。開始跟學長一起出去拜訪客戶，學習如何報價。也開始獨自去接洽客戶，跟客戶報價，承攬工作。在中心接這些工作都有額外獎金，每學期結算一次，記得我離開時，我領了二萬五千元的獎勵金。當時我每月的薪水不過是一千五百元。

我自己去承攬的案例，有兩個我印象比較深刻。有一次行政院經合會的官員來電，說有一個工作希望我們幫忙。中心要我過去看看，我去見了那位官員，他帶我去見他們一位顧問。外國人，像我一樣年紀。他拿出一份資料給我，上面有一則計算公式、一份他寫的程式、及幾個參數。他要我將他的程式上電腦跑跑看，看是否可以跑出他要的結果。我立刻說可以，因這太簡單了，不需要幫他寫程式，只要將他的程式製成卡片，上電腦跑跑看就可以了。

回去後，交給小姐將程式與參數製成卡片，上電腦試跑，咦！卡住了，沒有報表出來。

我趕快拿卡片一張一張與顧問手寫的程式稿比對，沒發現問題。我直覺地拿出顧問給的計算公式，試著解題，並畫出系統流程圖，再跟顧問的程式比對，果然，顧問的程式有一段邏輯有錯，我立即重新製作新的程式卡片，再度上電腦測試。哇！報表出來了。

隔天，我拿到行政院交件，請陪同的官員告訴顧問，我改了那些地方，請顧問看看是否正確，顧問埋首仔細比對、思考，我們坐在桌前靜靜等候。一會兒，顧問抬頭對我笑著說：「對，改得很好」並豎起大姆指按「讚」。

我心裡感到很爽。走出辦公室，陪同的官員好像也與有榮焉，拍拍我的肩膀也說：「讚。」

另外一次，也就是我最後一次所承攬的案子。國泰人壽電腦中心委託我，將他們公司已填妥的上萬張員工人事薪資資料，製成卡片，因他們開始試著要將全省上萬員工每月的薪資發放作業電腦化。

為了確保卡片的品質，我花了兩天的時間，特地寫了一份很長的除錯程式，將製好的卡片，交由電腦幫忙挑出有錯的卡片。

交件時，由該公司電腦中心一位科長負責驗收。點交簽收完，在閒聊時，我說：「這學期結束，我打算辭掉助教，到外面來找工作。」

「呃！那你是否可以來我這裡？」

「好呀！」

「你等我的電話。」

我心意已決，我要趕快重出「江湖」，尋找脫貧的機會。學期結束，我立即請辭，離開學校。

第七節　沙拉碗工廠

提出辭呈後，商學院一位學長來找。他問：「找到工作了嗎？」

「還沒有。」

他旋即要我幫他的忙，問我：「可不可以先到我任職的一家公司，擔任主辦會計。」

我說：「我對會計實務不熟，適合嗎？」

他說沒關係，他每禮拜都還會進公司，有問題他可以幫忙。我只好說：「好。」

我這位學長，當時已升任講師，在學生時期，他的會計學成績很好，很有名氣，每逢期中或期末考，都會在校園的樹蔭下，看到他周圍都會圍著一群學生，在請教他會計學。聽說他還兼任幾家公司的會計。

我去上班的公司，是一家木製沙拉碗的工廠，以外銷為主，有一位助理，我只要負責發票的審核，傳票的製作，登帳的工作有助理幫忙。老闆是一位老國代。老闆早上一進公司，就聽他不停的打電話調錢，努力軋平下午三點半的銀行頭寸。

在農曆除夕那天，早上公司的氣氛有點緊張，好像都在等老闆，接近中午時，看見老闆匆匆地進來，立刻交代出納趕快到銀行領錢，準備好薪水袋，趕快發放員工的薪水。老闆回過頭看我一眼，微笑著對我說：「你等一下吃過飯，坐我的車去工廠發薪水。」

大約下午一點出發，工廠在鄉下山邊的一間鐵皮屋，到達時已兩點多，看見有十幾個人坐在門前，我剛下車，他們一湧而上。我立即逐一點名，發給薪水袋，他們打開數一數，一個一個立刻急忙離去。趕著回去給家人準備過年。

年度結算，編製財務報表，我知道怎麼做，我想應該不難，但卻栽了。第一關，會計科目餘額的試算表，竟然不平衡。檢查了兩天，沒有發現那裡出錯。趕緊向學長求救，他說沒關係，他會找人過來幫忙。過兩天，真的來了一位大四的在校生。看他打算盤的樣子，就知道他是高手。果然不到兩天，就找到錯誤的地方，試算表平衡了。我更確定如要吃這行飯，我還要磨練很長的一段時間。再加上每天都聽到老闆在打電話調頭寸軋三點半，我決定趕快找新工作了。

第八節　開啟我的終生職涯

好運終於來臨了，大約在三月中旬，我接到國泰人壽電腦中心那位科長的來電：「你可以到我這裡上班了，四月一日正式報到。」

我知道，國泰人壽是一間大公司，待遇很好，升遷有制度，公司正在發展中升遷機會多。大學四年都坐我隔壁的同學，在兩年多前考進公司，現已晉升小主管。一年多前，在我隔壁上班的數學系助教，有四位轉到公司的數理部上班，現在都還在公司。我預感這是我脫離貧窮，翻轉人生的大好機會。至少，我媽媽從四月開始不用再賒帳過日子了。

第九節　國泰人壽

民國六十年四月一日，八點半，我正式到人事部報到。早上只有我一人在辦理報到手續，因我是電腦部單獨簽准任用的。職稱「電腦程式設計師」，職級已跳過助理員、辦事員、到專員層級。已列入晉升高階管理人員的候選名單。

這次幸運地跳過基層工作，如魚得水，免於再度受困於淺灘，讓我順利地在這家私人企業，開啟了我三十二年的終生職業生涯。

只是出乎意料的是，開啟終身職涯之鑰，竟然是我在淡江最後一年多的，電腦程式設計師的資歷。

第十節　電腦部電腦中心

公司的電腦部是前一年成立的，設有經理一人，科長一人，程式設計師五人包括我，一位製卡助理員。其他四位設計師是由內部各單位，大學畢的現任員工調任。有到 IBM 公司上課，新開發的員工薪資電腦化系統，是首次實習的作業。

我剛報到，當月的薪資作業上機的工作，我只要跟在旁邊觀摩，看大家好像很緊張。這天上班不久，看到兩位同事抱著幾箱卡片，趕赴 IBM 電腦機房上機，跑這月的員工薪資報表，印製員工的薪水條。

接近中午了，還沒有回來，科長忍不住打電話去問，放下電話，科長緊張的向大家說：「出問題了，跑一半就停了，快、快，大家幫忙找找看，問題在那裡。」

科長說他們兩人已找了很久，也請 IBM 的工程師幫忙，還沒有找到問題，但確定應是更新主檔那隻程式有問題。

在場的同事，趕快找出那一隻程式的紙印本，一頁一頁仔細查閱，這程式真的很長，有好幾頁，真的不知從何找起。

我在旁聽同事談論系統上機的情況，我想最可能的問題應該是……。我坐下來，開始閱讀這隻程式，時間一分一分過去，我想我找到了，我告訴同事，趕快打給 IBM，改那張程式卡試試。大家安靜、緊張地等待，隔了一陣子，電話響了，傳來好消息，電腦在跑了，已在印製薪水條了。大家鬆了一口氣，因如耽誤薪水發放，可是大事一件。隔兩天，科長宣佈，這隻最核心的主檔更新程式，移交我負責維護。

因這是第一次電腦化作業，中心裡的程式設計師都是第一次寫作電腦程式，難免程式中還有些錯誤沒有清除乾淨，所以每月跑出的報表、薪水條都會出現一些錯誤，有賴會計部門的助理員用手工更正，再由她們逐筆填寫憑單送電腦部，供下月更正電腦的檔案，讓她們抱怨連連，氣噗噗對著電腦部人員說：「你不是說電腦化後，會減少我們的工作量？」

不知如何回答，只有不斷說抱歉。

下個月輪值到我負責系統的操作。所以由我與科長參加會計部召開的工作協調會，人事部也參加，並由人事部人員先報告，這次業務單位外勤人員薪資修訂辦法的內容，涉及人數可能上千人。接著會計部報告他們的困難，他們很難要求助理員去人事部門翻尋人事資料卡，找出這批需要修正的員工名單，並以人工計算新的薪資，再一個一個填寫憑單交電腦更正，何況只剩短短幾天。看電腦部是否想辦法讓電腦自動更新這批員工的薪水。

在會前，部門間私下溝通時，科長有明確要求用憑單來更正。因為科長實在是怕了，不敢再去更改這套主檔更新的程式，害怕有任何差錯，就難於收拾。

會中，我在聽人事部報告時，我已在思考以修改程式來更正這些員工薪水的可行性，我覺得應該可行，當科長回頭看我時，我點點頭，會議終於圓滿結束。會後，會計部的主管不斷向科長說：「謝謝！謝謝！拜託！拜託！」

很好，一切順利，準時交出薪資報表與員工薪水條。科長鬆了一口氣，不忘跟我拍拍肩膀，說聲：「讚。」

接下來的日子，大家都很輕鬆，因沒有新的作業要電腦化，需要設計新的電腦程式。每天只有各自在座位看書。可是，這時候公司又公開招募了四位程式設計師，四位都是女生，都是台大經濟系應屆畢業的高材生。看來好像是有意要繼續推動電腦化作業。

科長看大家沒事，就叫我跟新人上課，傳授電腦語言與程式製作。日子還是過得很快樂。

有一天突然經理叫我進他的辦公室，隨即交給我一份英文的文章，吩咐我：「你將這篇文章翻成中文，翻好了拿去公司月刊投稿。」

我有點緊張，回去費了兩天的功夫，勉強翻完，我拜託這幾位新進的高材生幫忙修稿，就直直地依經理的吩咐拿去投稿了。

文章登出來那天，經理來電：「你文章中的半導體它的英文是……」我回答了，他說：「喔！好。」

掛了電話後，我覺得有點不對，為什麼沒先拿給經理過目？為什麼沒用經理的名義發表？唉！懊惱已沒用了，真是鄉下小孩。

當年的十二月三十日我結婚了。

隔年，美台斷交，公司宣佈解散電腦部，我與一位同事調往人事部新成立的單位——人力資源科。

這巨變，雖中斷了我在電腦技術層面的發展，但卻將我推向高階管理領域的路途邁進，真的，要感謝公司給我機會，讓我在淡江苦讀五年的會計學，與我潛在的管理能力得以施展，為公司貢獻一己之力。

第十一節　人事部人力資源科

這單位是新設立的，只有我們兩人，科長還懸缺。因還沒有工作指示，只好繼續看書。而我開始對企業經營管理或名人勵志的書感興趣了。

我從報紙得知，有家著名的企管顧問公司，要在晚間開一門課：目標管理—三商行的成功經驗。

課程主要在介紹：

1.如何設定責任中心為成本中心與利潤中心

2.如何區分直接成本與間接成本

3.如何設定各項成本之分攤標準

4.如何為各利潤中心設定利潤目標

5.如何設定目標達成績效獎懲辦法

我不知為什麼突然對這類課題開始關注。向公司申請公費進修獲准。

隔沒多久，同家企管顧問公司又開了一門課，主題：「事務處理系統流程圖製作」我也報名參加了，與過去所學的電腦程式流程圖製作相似，只是有些符號不一樣。

雖然上級長官沒有工作指示，我想我們還是主動找些事做，我跟我同事說：「我們是否先找一項公司最忙、最煩的業務，將現狀製成事務處理流程圖，在加上『動作與時間』研究，再評估現在的流程與人力配置是否合理，以便跟公司提出改善方案。」

說好，立即行動，我們選擇保險新契約業務，就現況繪製事務處理流程圖。費了好幾天的功夫，總算完成了，正打算討論如何進行動作與時間研究。突然來了一張公文，我被調升至總務部主計科擔任股長職位。太意外，太驚喜了，到人事部還不到三個月，我就被晉升了？不知道誰推了我一把，讓我走進晉升高階管理層的大圈圈。讓我有機會施展在淡江所學的會計學。

更神奇的是，我在這裡所學的目標管理與事務處理流程圖製作，雖在人壽沒有用上，但在我到國泰醫院時，竟全都幫了我很大的忙。哈！一點都沒有浪費。

第十二節　總務部主計科

總務部是公司很重要的一個部門，轄下有三個科，主計科是其中之一。已成立一年多，科長來自數理部，是大學數理系畢業，科裡另有五位高職畢的助理員，都是算盤高手。科長很客氣地解說目前科裡的工作內容。並要我先觀摩作業流程，先閱讀所產出的營業單位成本分析月報表。

我心裡開始疑惑，經理、科長找我來做什麼？依照目前的作業模式，與人力配置，應該不需要我呀？從登帳、過帳、結算、編表工作由五位助理負責已足足有餘。報表編好送科長過目後，就可分送給全國營業單位主管，我要做什麼？

我問助理：「咦！為什麼一個月前的資料，現在才開始做？」

「因會計科規定，我們要等她們將傳票裝訂好，歸檔後，才可以從檔案室借來用。」難怪報表做好分發到主管手上，通常已是兩個月後了。這樣的報表主管有興趣看嗎？我想，我一定要給科長一個建議，改變現在的作法，否則我在這裡閒閒沒事，很快會被大家嫌棄，而被迫離開。

我建議：「我想改變作業流程，希望這些報表可以在每個月初就可以送到各單位主管手上。」

科長驚奇地問：「你打算怎麼做？」

我說：「我計畫在單位費用報銷作業流程中，加一張『費用報告單』，要求各單位在報費用時，加填這張報告單，連同發票等單據送會計科核銷。」

我接著說：「同時請會計科於傳票核印後，將報告單抽出，匯整後於下班前送主計科。」

我說：「這樣我們就可以與會計同步每天登帳，每月結束後，下月一日就可以與會計同時結算、編表，估計每月十日以前應可將報表送達各單位主管。」

科長聽了點點頭說：「好，你快把計畫擬好簽上來。」

科長拿著簽呈，去跟經理報告，也去跟會計科溝通。很快我的計畫核准了。科長立即發文通知所有單位，自行依公文附件所列「費用報告單」格式，自行印製表單，並於次月一日正式實施。

作業流程改變後，工作進度與我預期的一樣，甚至更為順暢。所以當報表做好，送來給我過目時，我心血來潮，在單位成本分析表的備註欄分別為各單位寫下我的評語。我會先問候他們的辛苦，再指出表中那些費用是否可再撙節？再祝這月有更好的業績。用字不多，只希望能吸引各單位主管更關注這份報表。

科長看過，很滿意。立即親送經理核印，並交總務收發室分送全國各營業單位。如我所料，獲得很大迴響。歸納原因：

1.驚奇！怎麼這麼快，很新鮮，竟然不到十號就收到報表

2.總公司有在關心他們

3.他們知道，總公司有在看他們每一筆開支

雖然看似簡單的改變，但卻是我在淡江苦讀五年會計學的結晶。我初試身手，成功了，我知道，我已受到公司高階長官的注意。

作業穩定後，我又變得閒閒的，每月的工作花不到我兩天的時間。看看書、找同學聊聊，但看他都很忙，偶而中午跟他們出去吃飯、聊天，日子過得很愜意。

時間很快，在這裡已一年多了。這一天，科長走到我身旁，拿出一張公文給我，

說：「你被調升到營建部管理科擔任副科長。」

我有點錯愕，抬頭看科長，他接著說：「是營建部經理來跟我們經理要人。」營建部是很紅的單位，老闆很重視。後來，我從小道得來的消息是，我們經理原來不肯放人，因此兩單位經理相約去見老闆，請老闆裁示，經一番討論後，是老闆決定我去營建部。

第十三節　營建部管理科

報到那天，是我第一次與科長見面，我驚訝的問：「我們是高中同班同學？」

我說：「我是成功高中三年一班。」

他說：「我也是呀！我看你的人事卡時竟沒有認出來。」

從此，我們像老朋友，假日經常兩家一起出遊。其實，在高三時，我們並沒有太多交集。他是前段班的高材生，功課很好，畢業那年即考上台大法律系。他去年就升任科長，我那淡江同學今年才升科長。

營建部在之前業務都很好，每年都有許多新建案推出。而一推出即被訂購一空，我翻閱過去檔案，發覺每個建案並沒有做太多的分析。只以簡單的計算式估算每案的利潤。所以我就以檔案中的計算式所出現的支出項目，找出相對應的會計科目，並以損益表的格式，編製成一張計算表，再加上一欄營收百分比、比較欄、差異與差異率欄，底下再加投資報酬率計算欄，就構成一張完整的「*****建案投資分析表」。從新案開始到完工結算都可以用。老闆看過後非常滿意，立即要求關係企業的建設公司也改用這張表格分析。有一天，經理叫我跟他去見老闆，我吃一驚，這是我第一次面見老闆。

走進大大的辦公室，坐在老闆辦公桌前的椅子，靜待老闆的吩咐。老闆跟經理交談了幾句話，轉頭看看我，笑笑地跟經理說：「好了，你們可以下去了。」

我心裡納悶，難道只是想看我一眼？

當時，公司同時有七、八個工程在進行，每月的資金需求越來越大，為了讓公司財務部順利調度資金，老闆要我編一張年度工程資金需求表，供財務部參考。我立即著手蒐集每個工程的施工進度表，估算每月的資金需求，編製一張滾動式年度每月工程資金需求表。我花了兩天時間，慢慢抄寫阿拉伯數字，讓表看起來美美的，以便盡快呈給老闆核閱。簽呈下來，大家都很驚奇，老闆除了依其習慣簽名外竟然多寫了一段話：「數字編得很正確。」

這一年來，已沒有新的建案推出，所以我每月的工作，僅剩下每月重新評估修正工程資金需求表。大約只要兩個工作天，我又開始閒閒沒事，可以看看書了。從進公司後，我開始大量閱讀經營管理的書，目前我的書房尚陳列上百本這方面的書籍。

有一天，我那位淡江同學打來電話：「你要不要去參加籌備醫院？」

我不加思索立即回說：「好」

同學說：「我會馬上給籌備處主任回電，你暫時保密。」

隔兩星期後，科長匆匆走到我身邊，小聲告訴我說：「你將被調去醫院籌備處。」

後來我得知，這次調動又是老闆裁示的。

第十四節　轉調國泰醫院

三十三歲是人生最重要的一年，有歷史上重要名人為證。耶穌、米開朗基羅、卡斯楚、貝多芬……

……………………………………

我會輕易答應同學的徵詢，是跟這兩位同學有關。因他們都是公司精英幹部，我認為要追上他們的機率可能性不高，我心中早有此念頭，如有機會我應跳到其他關係企業發展。這個念頭一直浮現在心裡，所以一聽有這機會，我就毫不猶疑跳下去了。

當時，我對醫院相當陌生，書店也沒有看到有關醫院的經營介紹。但我想會計一定是需要的，我應該可以從這裡開始。因此，在還沒有到任前，就利用星期日早上送太太與兒子上音樂班的時間，在咖啡廳喝著咖啡，一邊想著，我該怎麼做？

我想我應該讓會計，具備管理功能，可以及時提供各層主管有用的資訊，也要有稽核的功能，可以有效地防止舞弊。我要引進目標管理，並將會計制度延伸至庫存、採購管理與應收、應付帳款管理。

心中已漸漸浮現未來的工作藍圖，希望可以將我在淡江苦讀的會計學，在這塊空白的園地盡情地施展。這是一個難得機會，我要好好把握。

第十五節　在籌備處的日子

民國六十五年四月一日到國泰醫院籌備處報到，又是四月一日，我的幸運日。時年三十三歲。

我報到時籌備處行政部門已設有副院長、管理室主任、總務室主任、人事室主任，各室底下已有一些工作人員。而巧的是，在總務室有位工作人員竟然是淡江商學系同屆的同學，他跟我不同班，所以在校時我們並不認識。他負責採購醫療器材、藥品、各項設備等，看他很忙。而我剛報到，還不知道要做什麼？

我是隸屬管理室。已有多位助理人員報到，有幾位負責一般會計工作，還有幾位正在等待派給工作。我已到任幾天了，一樣沒有接到工作指派。我開始意識到，我要主動工作，不能再等待了。

我向主任提出我要去觀摩台大、馬偕、彰基三家醫院的構想，主任立即同意，並幫我先知會這三家醫院。我帶一位助理，開始觀摩之旅。每家醫院都有指派現場主管導覽、解說作業流程。我吩咐助理蒐集每家醫院所使用的表單。觀摩之後，我心中已有輪廓，決定工作優先順序：

1.確定收費流程、結帳程序，表單設計與製作。

2.製定會計制度與作業流程。

這時候，前幾年所學的事務處理流程圖製作就派上用場了。我開始繪製收費流程圖與每一作業所需的表單，並寫出作業操作手冊。我請助理以工整的字體重謄，並製作成冊。呈請核定後，開始分頭進行表單印製，根據流程估算所需人力，送人事室對外公開招募。報紙刊登招募消息後，應徵履歷表如雪片飛來，超過五百封以上。需借用國小十餘間教室，舉行考試。

我這次設計的流程，主要有幾點創新的改變：

1.我在住院記帳系統，加了一張「記帳通知單」，於醫療費用登入住院病人帳戶時，要同時開立這張通知單，並於是日下班前，彙整送會計組。以便會計可以同步入帳。

2.櫃員每日結算時，現金先交出納簽收，再將簽收單與當日所開立的收據含作廢的交會計組。會計組負責稽核工作。

3.庫存品的入帳工作，設在會計組，請領單須先登帳後，才到保管組領取。採永續盤存法，隨時計算庫存品餘額，當餘額低於採購點時，由會計人員填製採購單，註明前次採購日期、採購量、採購單價、本次採購量等資訊供主管決策參考。

雖然，自認這是按照教科書的完美設計，但內心仍是不安。

1.在當時企業界、醫院界找不到第二家可供借鏡，有獨創的恐懼。

2.將來開業後，業務量增加，不知要用多少人力才能完成如此精細、及時的作業。而人員的增加一定會受到空間與成本的嚴格限制。

這時候我的好運又出現了，突然老闆主動來電指示，要我研究看看，需不需要用電腦來協助醫院的作業。要我提出報告，詳列那些作業需要用電腦？要用什麼樣的電腦？以供他參考。知道老闆有用電腦的意思，我一則以喜，一則以憂。我知道要做到我想要的精細、及時的作業需求，光靠人工可能做不到。但當時我對電腦的認知：

1.電腦是一部大型的電子計算機，適合大量的資料，分批處理，租金昂貴。我們只是一家小型醫院，可能用不起？

2.資料要先製成卡片，才能透過讀卡機輸進電腦處裡。會增加一筆製卡的成本。

3.需要一間有空調的機房，醫院可能沒有適當的空間。

4.除程式設計師外，尚需增雇機房操作員、製卡員，將增加醫院巨額用人成本。

所以我意識到，我所知的 IBM 電腦，以當時醫院的規模，可能不適合使用。

正當不知如何向老闆建議時，有家代理商適時來做簡報，說明他們代理的電腦：

1.它是一部迷你型的電腦，價錢便宜，要買斷，不是租用。

2.它不需要特別的冷氣房。最簡單就放在辦公桌旁也可以。

3.它可以批次作業，也可以在線上及時處理，同時間可處理多項作業。

4.資料直接從終端機螢幕輸入，不需製卡，可省人力與卡片的成本。

5.終端機可拉線裝在各單位工作人員的桌上，直接輸入資料，可提昇工作人員的效率。

6.印表機也可直接裝在各單位，由各單位自行下指令，輸出所需的報表。

7.機房不需設專人操作。

8.它可接磁帶機、磁碟機，以方便大量資料的儲存。

聽完簡報，我非常興奮，覺得這就是我要的電腦了。擬好報告，說明醫院有那些作業可電腦化，並建議用這一款可線上即時處理的迷你型電腦。很神奇，老闆竟然很快批示同意。我很快將案子轉送採購組進行採購。

籌備工作，緊鑼密鼓，開幕日訂在民國六十六年二月十六日。記得前一天，全院的員工士氣高昂，幫忙打掃各自的工作場所，布置自己的辦公室，高興地迎接明天的開幕日。

第十六節　醫院正式營業了

開幕日早上，有開幕儀式，來了許多政界、商界人士、關係企業的主管等很熱鬧。會後還有酒會及引領來賓參觀。下午二點正式看診。

醫事組是負責大廳櫃臺的收錢工作，例如：門診病人的掛號、看完醫師後藥單、檢查單的批價繳費，辦理住院病人的手續、住院病人費用的記帳、與出院時的結算與收費，而且二十四小時營業，每天時時刻刻都要面對客人，就算颱風天也一樣。所以如何讓醫事組的工作人員每天可以微笑、親切、迅速、正確為客人服務，也是主管重要的課題。

一位醫院管理的專家說：

「最好的醫院是一家五顆星的飯店加台大的醫療水準」，我將這話謹記在心。

我被指派為醫事組的組長。負責將自己設計的流程安裝上線，監看實際流程是否跟預期一樣。也同時要注意員工的工作態度，病人是否滿意。還好，因是新開業，病人數不多，給我們機會可從容學習，使新手可以提供熟練的服務。

電腦代理商通知，我們訂購的設備快到了，要開始準備安裝場所與招募電腦人員。主任跟我說：「你先去接電腦組組長的工作，我去人壽找一位較資深的幹部來接你的組長職位。」

緊接著，我向主任建議，我們需要趕快找程式設計人員，進來受訓瞭解這部新型的電腦，而最好其中有幾位要有程式設計經驗。我們可以向人壽電腦中心找人。很快，人壽表示可以轉調兩位資深程式設計師過來，但附帶表示，希望醫院可以提升其中一位設計師當組長。

就這樣，我又讓出職位轉任主任特別助理，坐在主任辦公桌前。當時管理部轄下已有六個組，包含：

會計組、出納組、醫事組、人事組、電腦組、病歷組

員工人數已超過一百人。掌理醫院的財物、人事、業務。可說是醫院經營管理的核心單位。

醫院每兩週要開一次「經營管理委員會」，出席的人有：老闆、院長、兩位副院長、內、外、兒、婦四大科主任。管理部、總務部則必須列席報告。因此我主動幫主任蒐集資料撰寫管理部的工作報告。並將此工作列為我的例行工作。

專案分析，也是一項重要工作，記得有一次在經營管理委員會上老闆說：「有位教授向他建議，是否在醫院設立一所腦中風治療中心，我覺得有興趣。」

老闆交代副院長盡快作一份可行性分析報告，呈給他做參考。

副院長急了，交代主任趕快做一份報告，希望可以打消老闆的意圖。因他深知就財務的考量，是不可行的。他怕老闆做下錯誤的決策。

我接下這案子，花了一個禮拜的時間，做了一份報告，告訴老闆：

1.這中心需要增購那些醫療設備，需要增加多少投資。

2.這些設備需要佔用多少空間，可能需要減少原規劃的一般病床數。

3.這中心要達到收支平衡，每月需創造多少營收。要達成這樣的營收，估計每月需要多少病人日，多少住院病人數，多少門診人數。與現有的量比較還需成長多少。

4.如要維持中心平衡，會擠壓其他科對病房的需求，床數太少將使各科無法創造足夠的營收來支撐醫院的營運。

5.所以此時不宜設立此中心，以免讓醫院每年需要接受鉅額的捐款，才能維持正常運作。

報告呈老闆核閱後，終於說服老闆打消了念頭。讓副院長鬆了一口氣。

轉任此職位後，讓我有機會綜攬全局。我比較關心的是員工的薪水。醫院是勞力密集的產業，用人成本超過營收的四十％。如不加以控制，將使醫院很快陷入無法負擔的窘境。我知道，目前醫院並沒有一套可用的薪資制度可以遵行。醫師是以台大醫院的薪資標準加成核定，護理、醫技人員以公立醫院標準加成核薪，其他一般行政作業人員則以國泰人壽標準降級核定。醫師、醫技、護理人員皆採單一薪俸，行政人員則仿人壽採底薪加本俸制。因此，顯見的問題是：

1.行政人員仿人壽底薪制，底薪與年資息息相關，底薪又與晉升緊扣一起，年年要辦晉升考試，造成高薪低就，同工不同酬的現象，薪資水平亦受制於年資制的自動牽引而有失控之慮。

2.單一薪俸，對於醫師、醫技、護理人員的高薪，將對年終獎金的發放、年度薪資的調整增加困難。

為長遠之計，我開始重新設計醫院的薪資制度：

1.將醫院員工分屬以下四大類：醫師、醫技、護理、行政等四個職別

2.每類職別依管理需要分別設置管理層級與職稱。

3.每位員工各賦予一個職稱。

4.將薪俸分為本薪、職務加給、工作津貼三項。本薪採薪點制，以方便調薪。

本薪估薪資總額醫師最低、醫技、護理次高、行政人員最高，以保障低薪人員可以拿到較多月數的年終獎金。

5.員工職稱改變則需重新核薪。

因此，我將此新制稱為「職務薪制」。在當時無論在企業界、醫界都屬首創。經老闆研究一星期後，同意我試辦。只不過一試二十年，到我退休時還在用。

有一天，突然地，接到通知，我要接主任職位。原主任被調至新單位，前去籌備一家新的觀光飯店。

當時我三十六歲。

第十七節　升任管理部主任

我嚇到了，從今天開始我要接掌這樣大的部門，直接管轄的員工已超過一百名，我開始要率領他們服務上千位的員工、每日要服務上千名的門診病人、二百五十名以上的住院病人。因此我有三天不敢坐上主任那把大旋轉椅。我深切的體認，我身負重責，我必須能夠讓來院的病人獲得滿意的服務，以病人的「口碑」，來爭取更多的病人。而「口碑」的創造是需要全院同仁共同的努力。所以我也必須讓員工保持高昂的士氣。我必須要給員工足夠的待遇、給單位足夠的人力、給他們足夠的設備與材料、給他們充分的教育訓練。而這些都需要老闆的支持。簡單地說，我必需做到讓病人滿意、讓員工滿足、讓老闆放心。

第十八節　溝通再溝通

讓老闆放心，我列為我首要的工作，因此，我不得不傾全力，利用兩禮拜一次列席「經營管理委員會」的機會，跟老闆做好溝通的工作。為了讓每次報告，都能言之有物，而不至於冷場或甚至於開天窗，我每天幾乎有一半的時間，在醫院各處走動，與各類、各層級的員工聊天、在大廳走動主動引導病人，仔細觀察病人的反應。我更需要隨時注意主管官署、醫界的動態。

我維持自己撰寫報告，每兩禮拜一篇，每年二十四篇，二十年四百八十篇，沒有中斷過。二十年沒有在會期請過假，不敢生病，全程親力親為。會中我用台語，看著老闆，跟老闆報告。我必須利用這難得的與老闆面對面的機會，告訴老闆醫院的現況。包括：目前每天有多少門診病人、多少住院病人、創造多少收入，成長率多少。每月第一次會，我會告訴老闆全院的損益狀況、各醫療科的損益、各檢驗單位、藥局的毛利等管理資訊。我要主動反應各單位合理的需求，以便及時給予支援。我要告訴老闆有關主管官署的要求、醫界的動態，以便及時有所回應。我要體察醫院短、中、長期的成長需求，適時向老闆報告發展策略。

我將醫院八樓的餐廳，當作我辦公室的延伸。每天早上我都在餐廳早餐，利用時間與不同單位員工用餐、聊天。瞭解她們對醫院各種措施的看法、評論，作為改進的參考。中午也經常與各組組長、幹部一起用餐、聊天，增進彼此的瞭解，商討工作進度，解決工作問題。甚至部內工作會議也會借用餐廳的場地，費用都是我自掏腰包，醫院並沒有特支費可報銷。平均每月簽帳約六千多元。

第十九節　目標管理

我認為凝聚員工最有效的工具，是我每月製作的損益表。在月初的經營管理委員會上，我都準時給每位參加的委員一份厚厚的當月損益報告書。內容包含：

全院當月的損益、各醫療科的損益、藥局與各檢驗單位的毛利、全院與各科的門診人數、住院人日。

我會在年度開始時，先按月預估整年度的業務量，做一份年度的損益目標。再依此目標訂定年終獎金的發放標準，與每月員工績效獎金的提撥率。並呈請老闆核定。

每月績效獎金是先按設定的比率分配給四大類員工，再依當月各類員工人數平均分配給每位員工。因此同一類的員工，各級主管與基層員工都拿一樣數目的獎金。這樣的設計，讓基層員工感受到相當的激勵。他們會樂於主動協助病人，因為她們知道有更多的病人，會為醫院帶來更多的收入，她們就會得到更多的獎勵金，她們會主動減少浪費，她們知道這樣可以降低成本，增加盈餘，她們就可以多得獎金，她們也會主動互相補位，不急於要求增加人力，因她們也知道這樣也可以多得獎金。

年終獎金也一樣，年度結束，很快電腦跑出結算損益表，我再依損益表計算可發的年終獎金總額，除於當月可發獎金的薪資總額，就可估算獎金發放月數，而我又把月薪總額加以修正，讓全院員工的月薪差距不會太過懸殊，讓基層員工可以多拿一點。

這樣的設計，在當時可說是全國首創，讓我更敬佩的是我的老闆，每年我算多少，老闆就跟著批多少，從不打折。有一年我算出獎金月數破紀錄高達平均六個月。老闆也沒說一句話照批了，當時可能居全國之冠，連母公司人壽也不得不跟進。六個月是一個多麼不可思議的數字，一位基層員工月薪二萬多元，就可領到十二萬多元的獎金，在當時是多麼誘人，多麼激勵人心的大事。

我確信，這個制度高度發揮了激勵員工的作用，讓醫院順利地從一百五十床規模成長到五百床，從一家小型地區醫院被評鑑升級到與台大、長庚、馬偕同級的醫學中心。有一年，在不知情下，院外的評鑑機構派秘客到各醫院訪查評比，醫院竟被評選為醫院類「服務金牌獎」。這可是空前絕後的一面獎牌，很受老闆的重視。有一年醫院評鑑時，其中一位委員是台大醫管研究所所長，他看到我展示的醫管資訊，大為驚奇。他跟我要了一份說要當教材。有一次幾家日本醫院的管理階層來訪，由副院長負責接待，因他日語說得非常道地，所以也由他來介紹醫院，會中這些日本專家不斷提問各種管理資訊，副院長竟然對答如流，讓這些專家大為讚賞，他們向副院長表示，出乎他們的預料，台灣的醫院竟然已將這些資訊，列入日常管理的重要參考依據了。讓副院長覺得很有面子。

其實，老闆並不是一開始就信任我設計的這套會計制度，大約在開業第二年，老闆從一家超大型醫院挖角一位會計科長，先到關係企業管理中心擔任助理，然後將他所帶來的資料交給我，要我做一份比較報告。我約花了一星期時間，做了一分報告，將兩院的資料作一比對，分析兩院的差異所在，我在最後結論說：

1.兩家醫院的出身背景不同，他們是製造業出身，我們是金融服務業。觀念有極大差異。

2.他們成本會計的設計重心放在產品的單位成本計算，而我們則在部門別的成本計算。

3.醫院的產品其直接成本很低，絕大部分多屬聯合成本，單位成本的計算需要透過大量的分攤，因此計算所得的單位成本，恐有極度失真之虞。

4.醫院各項服務價格的訂定，是依據訂價策略，而非單位成本的考量。

5.他們將醫院的藥局、檢驗單位與各醫療科同列利潤中心，我不認同。而我是將藥局、各類檢驗單位列為半收益中心，僅計算其毛利率，因她們的責任在於降低成本，擴大毛利率。而各醫療科才真的是負責增加醫療收入，創造足夠的利潤以支撐醫院永續發展。

6.從利潤中心的損益計算結果來看，他們的各醫療科每月都出現嚴重的虧損，而藥局、檢驗單位都呈現巨額的盈餘，從管理的觀點，虧損單位應裁撤，那該院就只乘下藥局與檢驗單位了？

報告呈上去後，老闆沒有進一步的動作，我知道我贏了，我保住了我的職位，那位挖角過來的會計科長，就不知道他的下落了。

第二十節　電腦化

我按教科書設計這整套管理資訊作業系統，我已意識到，光靠人力可能無法支撐整個系統的運作。可是依當時我對電腦的認知，我是不敢主動向老闆建議電腦化。而是老闆主動說可以用電腦，我真的太幸運了！

當時，我僅有短暫的電腦批次作業經驗，在電腦書本上有看過線上即時作業方式，但我直覺，批次作業的處理方式是不適合醫院的需要，所以我大膽選擇我不熟的迷你型線上作業電腦系統，不可否認的，當然也是看上它價錢便宜，應該是醫院可以負擔。

以結果來看，我當初的選擇是正確的，但也是冒著極大的失敗風險。可能因我還年輕，當時我並沒有擔心失敗，也沒有害怕的感覺。就只知道朝著我認為對的方向直直地走下去。

第二十一節　會計作業電腦化

我記得電腦裝好後，真的令電腦人員傻住了，坐在桌前，看著一台台黑色螢幕的終端機，卻不知道怎麼用。有一陣子，大家都不敢坐在電腦桌前。還好，組長終於突破了，他設計出一組核心程式，專接各終端機送下來的資料並分別寫進專屬的資料檔中，有了這組程式後接下來的工作就變得很單純了，只要在這組程式前端，在終端機螢幕上開發與使用中的單據一樣的畫面，定義好要輸入資料的位置，及輸入完成後送出資料的程式即可，後端，只要再設計各檔案資料處理與印表的程式即完成整個電腦作業系統。因各項作業系統其動作都類似，所以程式的寫作技巧愈來愈熟練，開發的速度也就愈來愈快。我依下列的項目一步一步將醫院的作業系統電腦化：

1. 員工薪資發放作業系統
2. 醫療收入統計作業系統
3. 庫存管理作業系統
4. 應付帳款管理作業系統
5. 應收帳款管理作業系統
6. 財產目錄管理作業系統
7. 製作管理資訊作業系統，包含：各醫療科的月損益報表、各檢驗單位與藥

局的毛利計算、與各單位的工作量計算

8.門診收費作業系統

9.住院收費作業系統

以上可以說都屬於會計相關的作業，尚未電腦化的會計作業只留下一般會計，也就是一般企業報稅用的會計作業系統。會計組長跟我建議，這作業系統就不必自己開發了，外面有好幾個現成的電腦軟體在賣，只要兩萬多元就可買到。我說：「好，你去買一套試試看。」，可以說是無縫接軌，一般會計要的資料，管會這邊已全部可以提供，日記帳、分類帳、總帳等登帳工作、試算表、損益表、資產負債表等編表工作都可以由買來的軟體完成，補上這塊，醫院的會計作業就全部完成電腦化了。其效益相當顯著：

1.它大大疏解了增加人力的壓力，從一百五十床擴充到五百床，會計人員不增反減。

2.會計承擔起庫存藥材的帳務工作，採購單由會計單位簽發，採購單必須記載前次採購量、單價、本次採購量等資訊共各級主管決定的參考。

3.會計擔負起稽核的功能，它可以主動掌握全院每個櫃臺與櫃員當天的收費狀態，主動稽核櫃員的日結單。

4.會計發揮牽制的功能，出納必須根據會計的通知才能開立即期支票，而醫院所有支出除小額零用金外，皆須要開立即期支票。

這樣的設計，讓會計不僅是報稅用，還肩負管理重任。在當時無論企業或醫界都少有人做到，因它必須要藉助於成功的電腦化。

第二十二節　門診櫃臺作業系統電腦化

當以上作業電腦化開發逐漸順利後，我已將注意力放在櫃臺作業。我意識到，醫院門診人數不斷增加，會計在後台要補資料輸入的量也會跟著增加，有增加後台人員的壓力。我知道後台是不應該加人，要加也應該加在前台，才有機會提高服務品質。我每天經常站在櫃臺後，觀察櫃員的動作，我發覺是可行的，只要將櫃員原來人工批價的動作，改成鍵入資料的動作，批價、開立收據由電腦負責，收錢、找錢由櫃員負責，我認為這樣的電腦化作業應不會拖延原來的作業時間。跟電腦組討論後，決定開始設計了。經動作分析研究，我知道這系統的開發應不難，果然沒多久，電腦系統就製作完成了。

每個櫃臺配置一部終端機，在櫃員的座椅旁裝置一台小型印表機，利用一個星期六下午，與星期天一天的時間，給櫃員職前訓練，隔天就正式上線了。因為有很好的設計，櫃員鍵入資料的速度也愈來愈快，隨著醫院規模的擴大與門診人次的日益增加，也陸續在第一分館、第二分館、外科的門診區增設收銀櫃臺。因此，當門診量從每天一千多人次慢慢增加到二千五百人次時，櫃臺的效率尚可穩定的維持，尖峰時間需要排隊等候的時間很短暫。

可是，當施行全民健保的腳步愈來愈近時，我意識到櫃臺的作業能量應無法負荷。我估計每天的門診人次可能會暴增，櫃臺的作業能量將無法承受。而唯一可以解套方式是學長庚的作法　，將電腦化的觸角伸進門診室。將以往由醫護人員手寫醫囑單的方式，改請醫護人員直接用鍵盤鍵入醫囑，由電腦印製醫囑單後，交由病人持往櫃臺繳費。並在診間印製藥單時，同步通知藥局，讓藥局提早配藥以減少病人等待時間。

但當我將這想法告訴護理部時，她們不敢同意，她們認為門診室的護理同仁可能不肯接受此項要打鍵盤的工作。其實，在當時大多數人都害怕使用鍵盤，包括我。可是健保的時間愈來愈近，我不得不有所準備。一方面要求電腦組改寫門診系統電腦程式，開始申購所需增加的設備，一方面立即公告即日起勞保病人不需再持勞保轉診單，只要持勞保單就可掛號看診。這時離健保實施日期只剩兩個月。

果不出我料，門診人數急速增加。大廳開始擠滿排隊等候繳費、領藥的人潮，直到中午十二點還無法疏解。實在等太久了，抱怨的聲浪愈來愈高，我一直在大廳走動，不斷地跟病人道歉，說醫院正積極在解決這問題，請多包涵見諒。但已引發高層的關切了。護理部也意識到問題的嚴重性，她們一直不相信會有那麼多病人，她們去看過長庚門診室護理人員操作電腦開立醫囑單的作業方式，最後她們同意了，願意一起說服門診室的護理同仁接受電腦化。

終於，我們選定了一個禮拜天，動員所有電腦人員，到診室一間一間地安裝設備，同時指導護理人員使用鍵盤操作電腦開立醫囑單。隔天就開始新的門診電腦化作業上線了。

效果比預期的還好，大廳的人潮不見了，病人看到我也都笑了，也會跟我比讚，我也笑了。

成功了！又再一次解除我的信任危機了。

第二十三節　住院作業電腦化

門診櫃臺作業電腦化成功後，我開始請電腦組研發住院作業系統的電腦化。我評估這系統應該也不會很難，因前端資料輸入，跟門診系統很像，只是不用立即輸出收據，而改為登入住院病人的帳戶，這跟庫存系統很像，唯一不同的是病人結帳的處理方式。剛開始仍決定沿用人工作業時的方式，住院期間病人的繳費暫以開立預收款收據處理，等出院時收回預收款收據，再由電腦開立一張醫療費用總額的收據給病人。

因此系統也很快就上線了，也如預期，會計人員資料輸入的工作量大幅減少了。但這時候，醫院已決定要再擴充二百床規模，並也已動工興建中。

擴大規模後，必定需要再增加電腦終端設備，可是原使用中，第一次採購之迷你型電腦已接了二十幾部終端機，已達飽和，勢必先擴充電腦主機。因此利用這次機會，我們決定採購另一款新的線上即時處理的電腦系統，速度更快，可接幾百台終端機同時作業，以便更能符合未來的需求。

在老闆的支持下，很快新電腦就買進來安裝好了。與第一台一樣，又經歷了一段相當長的尷尬期。程式人員都在努力看著說明書，試著讓新電腦動起來。還好在組長的帶頭苦心研究下，獲得突破，終於知道如何讓這電腦運作了。首先很快地將門診作業轉到新的電腦，因門診作業一定會隨醫院規模的擴大而要跟著要增設大量的終端設備，並需要更快速的電腦主機。

緊接著，只剩住院作業系統了。可是，卻有點卡住了，遲遲沒能轉到新的電腦上作業。眼看工程即將完工，我開始有點擔心，問組長，他僅笑笑說：「還沒準備好。」

但總算趕上了，在完工前及時將住院系統轉到新電腦作業了。原來組長在系統加了新的設計，原先病人在未出院前所繳的錢，只能用手工暫開「預收款」收據給病人，等出院時將預收款收據收回，再開一張正式醫療費用收據給病人。新上線的住院系統則允許病人在住院期間拿任何一期的費用通知單來結帳，電腦可以立即開出正式醫療費用收據。

雖然看起來只是一段小小的改變，但卻是讓新系統超越長庚。到此為止，我想像中的電腦化，算是完成了。接下來，需要繼續電腦化的就屬醫療領域那塊了。但它還需要等待更新的電腦、更新技術的來臨。

在這段電腦化過程中，有幾項附帶的創意，也給醫院帶來預想不到的方便：

1.「自助掛號機」是我最具代表性的創意產品。是我請廠商根據我的構想組裝而成，將它擺放在大廳給病人自行掛號。而現在這項設備，廠商已將它商品化，目前各大醫院都有此項設備。

2.我將員工上下班打卡也給予電腦化，我將員工識別證加印條碼，在醫院的出入口加裝刷卡機，員工上下班只需在各出入口刷卡就可以了，非常方便，大受好評。這一項也是國內首創。

第二十四節　加入保險特約醫院

醫院開幕時，只有一百五十床規模，是一家小型醫院，但卻是國內第一家以醫院需求投資興建的私立醫院。沒有政府預算的補助，所以醫療單價一定要比公立高，收治的病人也必須較多是重症病人，才可能給醫院創造足夠的醫療收入。但醫療費用要全額由病人自付，其費用之高是很嚇人的，所以開幕沒多久，就被坊間稱為「貴族醫院」。

所幸，台灣經濟已開始起飛，工商逐漸發達，民間開始富裕，有錢的人愈來愈多，大家開始追求較高水準的醫療品質。而國泰醫院的誕生剛好是站在這波浪頭上，滿足了這一波新的需求。

國泰醫院是與台大醫院建教合作創辦的，主治醫師都是來自台大的年輕醫師，充滿熱情，每天都會親自巡視病房，一改台大主治醫師的作風，再加上許多資深的教授級醫師也蒞院教學、兼任診療與教學工作，醫師陣容相當整齊，開業不久就有「小台大」之稱。

因此，在醫院規模三百床時，要維持每日滿載的業務量，並不覺得有困難。病人來自全國各地，尤其像心臟血管的診斷與治療、外科手術，腦中風與腦部外科手術，接神經、接指等外科手術，更被口耳相傳擁有極高的口碑。

但當床數增加至五百床時，滿載逐漸浮現壓力。主要原因是當時參加勞保人數逐年快速增加，再加上超大型的長庚醫院於開業第二年，就以很好的價格加入勞保特約醫院。長庚以它擅長的製造業標準化、模組化的大量生產模式，來設計它的醫療流程，大量吸納有勞保的病人，使其他醫院尤其私立醫院的業務倍感壓力。醫師要求醫院加入保險特約醫院的聲音，愈來愈大。

勞保局被長庚嚇到了，一家醫院竟然可以有那麼龐大的業務量。當我向勞保局表示我們醫院也有意比照長庚給付標準加入特約醫院行列時，勞保局猶疑了。我聯合馬偕、彰基等十家中型醫院集體向勞保局提出申請，並強烈表示不要獨厚長庚。

為了解套，勞保局竟然提出一個新的方案，要求我們這幾家醫院只能加入「轉診特約醫院」，是一項實驗性質的方案。也就是我們只能收治勞保特約門診醫師所轉診的病人。最後也只好接受了。

診所醫師會轉介病人過來嗎？大家似乎沒有太大的信心，因此各轉診醫院紛紛在醫院附近投資設立直營的診所，以方便自己醫院的病人轉診。但我卻不以為然，我對自己的醫院有信心，我相信病人會自己找自己熟識的診所醫師開轉診單。

果如我所料，持轉診單前來就醫的勞保病人，每月都在增加。約過半年，我將有轉診紀錄的診所醫師，按地址分類造冊，我組一個拜訪團，搭一輛公務車，花了一個多月時間，走訪分佈在全島各地的診所，就算只有一件，就算它在墾丁的海邊，我們都走到了。

到訪時，我們先致謝意，遞出名片，希望有任何問題時打電話給我們。

同時，我交代病歷組，嚴格控管轉診單流程，務必及時回覆診所醫師有關病人診斷、治療狀況。年底時，我特地在員工忘年會上安排一桌，邀請當年度轉介病人最多的十二位診所醫師一起來參與員工聚餐。

就這樣，醫院的口碑出來了：

「國泰醫院只看大病，不看小病」

轉診的病人來源穩定，每年約有三千多位轉診病人，讓醫院年年可以維持滿載的醫療業務。

但接著，政府已開始討論，要施行全民健保。這將使醫院，尤其像國泰這類中型醫院，面臨一個嶄新的經營環境。

首先最明顯的差異，是醫院將失去自己定價的權力。所有醫療項目、醫療藥材的價格都必須依照健保局制訂的標準。如此醫院的營收要成長，就必須仰賴「量」的增加。而量的增加又受限於規模，因此，我開始憂慮，怎麼辦……？

我擬定的因應策略：

1. 短期策略

放棄施行多年的保險病人要「轉診」的限制。以期待衝高業務量。

2.中程策略

在全國廣設中小型醫院，與聯合門診中心，建立國泰醫療網以配合國泰人壽的保險業務。

3.長期策略

自行提撥與接受捐贈方式，累積足夠的「營運基金」期望每年有茲息可以長期支持醫療業務，讓醫院可永續經營。

民國八十四年三月一日全民健保正式開辦了。

我在開辦前兩個月，主動宣布保險病人不必再持轉診單即可前來就診。並決定提高單人與雙人房的病房費價格。因此，開辦日那天，大批媒體記者峰湧而至，追問為什麼調高價格？

醫院安排了一間大會議室接待大批的記者，由我主持，說明調價的原因，與回答記者的提問，最後我向記者保證此次的調整並不會增加病人的負擔，反而對重症的住院病人可減輕負擔。記者似乎理解了，隔天各報都有報導國泰醫院病房費調高的消息，但篇幅不大，也都同時刊登我的解釋，給予平衡報導。

醫院順利承接了健保的開辦，果如所料，業務量大幅的衝高，醫院的營運短期應不會有問題。

中期策略也已被老闆接納，開始尋找基地，籌建新的分院，以擴大規模，確保業務量可持續成長，讓醫院可永續經營。

第二十五節　與銀行往來

開業初期，對銀行服務的需求很單純，只希望銀行可以在每日下午五點前，將當日收到的現金，可以幫忙收回銀行保管，盡量不要有鉅額的現金留在醫院保險箱過夜，以策安全。

這點很重要，有天就真的有竊賊半夜侵入出納辦公室，撬開保險櫃，將裡面的現金、支票，搜刮一空。早上一上班發現，我立即交代出納列一張失竊清單，簽報老闆，並保存現場。老闆很快過來看了現場，還好沒有人因此受罰。

另一項請銀行幫忙的業務是員工的薪水發放，每月只要將薪資總額一筆撥給銀行，由銀行撥入個人的帳號，再請銀行到院增設櫃臺，方便員工存取。也大大減輕醫院的工作負擔。

醫院規模擴充到五百床後，需要鉅額的資金購買醫療設備，開始以租賃方式應急，但當購買的設備不斷增加，累積的租賃支出也隨之越來越多，造成每月現金有不足的危機。我向老闆提示每月現金流量年度預估表，指出我們可能在那個月份起會開始出現現金不足，需要有新的資金挹注。

老闆沉默一會兒，他說：「好吧，你立刻停止用租賃，改向銀行貸款。」

走出老闆辦公室，我有點茫然，要去那家銀行貸款？

回到我辦公室，我即問出納，我們跟那家銀行有關係？出納說：「我們後面那家商銀，有跟它租用一個保險箱。」

我說：「好吧！你打一個電話給她們主管，說我們主任想去見經理，請他代為安排。」

沒多久，回電了，說現在就可以，歡迎我們過去跟經理見見面。哇！現在才體會到「國泰」這招牌真有用。

見面寒暄幾句，我就直接表明來意，我說：「請經理幫忙，是否可以借我們兩千萬，因醫院規模擴大，這段時間比較需要用錢。」

我再緊接著說：「因我們是財團法人，比較不方便拿房產來抵押。是不是可以用信用貸款？由我們老闆擔保。」

這位經理真是精明，很爽快地說：「沒問題。」

銀行很快把錢撥下來了，解決了眼前現金不足之急。但累積每月巨額的租金支出仍在，往後的日子還是會讓醫院經常處在現金不足的危機中。我再去找這位經理商量，告訴他：「我是否可以將我們最近所買的醫療設備拿來抵押，希望你幫忙貸給我一筆錢，大概需要一億，讓我一次結清在租賃公司的借款，讓我可以降低每月的現金支出。」

我接著說：「我希望這筆貸款，我可以保留彈性，讓我可以隨時分批償還。」

我接著又說：「我知道，最近銀行給台塑企業的利率很低，也拜託你給我們相同的利率水準，因我們是公益法人。」

這次我更加佩服這位經理了，他更阿沙力說：「沒問題，我支持你們。」

我一次結清了在租賃公司的借款，每月立即出現現金盈餘。使庫存現金快速累加。

沒多久，這家租賃公司結束營業了。

沒多久，報紙登出一則消息，說我們老闆要求有貸款給我們關係企業的銀行，要主動降低貸款利率，否則全數結清。

這也是後來可以一次以現金買下第二分館的關鍵因素。

第二十六節　新院區的增設

健保開辦後，病人快速增加，空間不足的問體，也就越加明顯。再加上台大、榮總等大型醫院，都已在改建、擴大規模中，長庚也已計畫在中南部增設大型醫院，各種醫療檢驗、造影、治療用設備也日新月異，快速發展，各大型醫院都紛紛引進，形同軍備競賽。院內各醫療科對空間的需求，越來越大，也越感迫切。院長不斷利用各種機會向老闆提起這問題。

記得有一年，在年底的員工忘年會，我率部內所有幹部上台歌舞表演，當表演將要結束時，由後台走出六位員工，每人手持一面大字牌，上面分別寫著「給」、「我」、「二」、「片」、「天」、「空」。

獲得全場百桌的員工大聲喝彩。

老闆也在台下欣賞。

第二十七節　增設第二分館

醫院旁，關係企業正在興建一棟地上七層地下二層的辦公大樓要出售。院長不斷向老闆說「賣給醫院吧！」

老闆問我「這大樓醫院可以怎麼用？」

我很快擬了一份企劃案：

1.可將正在萌芽的醫學美容業務移到此新大樓

2.可將健康檢查業務移到此大樓

3.可將眼科移出

4.新設 VIP 門診

5.可將管理部、總務部移到新大樓的地下一層

幾天後，老闆問我「你有多少錢？」

我立即回覆，老闆說：「好，賣給你。」

我內心興奮地吶喊：「萬歲！我為醫院買下了這棟大樓了。」

緊接著，總務部接手，開始施工，採購設備，很快，在交屋約兩個月後，就正式納入營運了。眼科、醫學美容業務也都如預期的成長，尤其，健檢業務更是大幅躍進，無論設備、動線、休息的環境，受檢的來賓皆很滿意。唯有 VIP 門診叫好不叫座，門診量不如預期。因我們是醫療服務業，為了顧及醫院的形象，我不敢採用一般企業的行銷手法，所以就想，好吧，耐心的等吧，慢慢讓更多病人與醫師來接受這項服務了。

整體而言，這個案子是相當成功的，很受醫界的注意，紛紛派員前來取經。

第二十八節　成立內湖分院

空間不足的問題，很快就讓醫院遭遇挫折。在第二次醫學中心評鑑時，被降為區域醫院等級。主要理由是沒有設置精神科病房。降級對醫院的衝擊很大，一方面保險給付將被削減，一方面醫師有被降格的感受。

將來在招募年輕實習醫師會更加困難。

我斷定未來幾年要增設精神科病房是不可能的。

雖然外面亂哄哄的，我靜下心，認真思考，該怎麼辦？我能做什麼？

我將可以調整的少數幾個價目，稍加調升，期望減少營收的損失，而我心裡想，如果規模不能擴充，那可要大幅調整經營模式，仿效香港醫院，取消教學研究任務，單純以高品質醫療服務來吸引病人。但我知道，這急不得，現在不能說，不是現在要做的。因此，我不動聲色，跟老闆請了兩星期的長假，帶太太到歐洲走一趟十三天之旅了。

歐洲回來，上班第一天，副院長就急急如令，要我到他的辦公室，告訴我一個重要消息：「內湖醫院要轉讓……。」

退出辦公室，我立刻帶一位助理搭上我的公務專車直奔內湖醫院。見到了負責人，互相寒暄幾句，我請他帶我看看醫院，聽聽醫院的近況。回到他的辦公室，他拿出一家醫療機構給他的企劃書讓我參考，我翻看一下，臨走時，我跟他說：「我們醫院可能也會有興趣，等我幾天，我會給你電話。」

回來後，我立刻交代助理，趕快製作一份投資分析報告，詳列醫院規模、目前的營運狀況、我們接手後可能最大的業務量、可以創造的貢獻額（毛利）、預計可以承接的最高價碼。馬上呈請老闆核定，以取得談判籌碼的授權。

第三天，我打電話給內湖醫院的負責人，邀請他來醫院與副院長、院長見面聊聊。大家相見甚歡，院長並當場授權副院長負責主談，希望內湖醫院老闆能多幫忙，給一個好的價碼。

我確信，內湖的老闆是比較有意讓給我們經營，因國泰醫院已是一家有名氣的醫學中心。加入國泰，他對內湖鄉親比較有交待，比較有面子。當然也希望能夠獲得較高的價碼。因國泰是大企業，老闆有錢。

我是內湖人，我當然認識他，他是內湖名人的後代，我們兩家父執輩有深交，他比我年輕許多，所以我們不認識，但我知道他應也知道我是誰，只是大家心照不宣。

接下來大家密集接觸，只是價碼一直沒有交集。我估算過時程，如要趕上年底的醫學中心評鑑，現在已三月中旬，所以三月底一定要完成簽約。但眼見今天洽談還是各說各話，雙方都在等待對方提出一個好價錢。因此我及時寫了一個金額給副院長，我小聲跟副院長說：「我們可以開這個價錢。」果不出我所料，他立即表示同意。雙方握手，互相恭賀成交。其實初次見面時，他已給我看了他的底價了。

三月底正式簽約，七月一日正式生效。該院現有的設備、員工由我們全部概括承接。並答應我們可以提前進駐工務人員，以進行規劃施工，同意將醫院名稱改掛為「國泰醫院內湖分院」。

七月一日，國泰醫院指派的各單位主管上任，原醫院的員工照常上班，做一樣的工作，整個醫院看起來跟昨天一樣，沒有紅布條，沒有花籃。不一樣的是櫃臺小姐開出來醫療收據是國泰醫院的收據，內部工作人員使用的單據表格都已改換國泰醫院的，但外面的招牌還沒換。還有不一樣的是，原醫院的員工竟然一夕間變成國泰醫院的員工，可稱得上是「無縫接軌」，整個交接過程，沒有停業，沒有重新開業。醫療業務沒有中斷一秒鐘。一切都是那麼自然。

九月底精神科病房裝修完工，向衛生局申請改名獲准，十月一日正式掛牌「國泰醫院內湖分院」，正式納入國泰醫院體系。合併向衛生署申請年底的醫學中心評鑑。

隔年四月，又升格為「醫學中心」了。

這一年時程的掌控，如有神助。醫院營運照常，降格一事好像從未發生過。其實，醫師對申請再升格之事是沒有信心的。有位外科醫師在開刀房休息室，當著我的面跟在場的人說：「如果通過，我願去國父紀念館裸奔。」

內湖分院，深受內湖鄉親的信任、歡迎，業務量倍增，超乎預期。第一年結算就給醫院帶來財務貢獻。原醫院負責人，看到我，搖搖頭說：「還是你們厲害，我是辦不到。」

這件醫院合併的成功案例，在國內醫界是空前的首例，很受醫界的關注，紛紛派員前來訪視，連長庚都組團前來參訪。

但整個過程，並非全無波瀾。記得簽約時，新任院長竟然遲遲不肯出來簽約，副院長雖已進去請了幾次，但都不見他出來，最後副院長要我再進去跟他說明。我跟院長再重申，現在及時取得經營權的重要性與迫切性。並一再跟他保證價錢絕對可以接受，我願以我的前途擔保。最後終於在半信半疑下，出來完成簽約。不過，已讓對方足足等了一小時。好在！沒有破局。

內湖分院，在當地受到好評，老闆聽見了。

有天在開會前，難得看他微笑地走進會議室，跟大家說：「內湖分院風評很好……。」

第二十九節　申請興建汐止、新竹、板橋分院

評鑑被降為區域醫院的震憾，內湖分院的受到好評與經營績效，老闆都親身看見了。對我先前提出廣建中小型分院的中程策略更能體會。我更進一步跟老闆說明，我們可以逐年在全國各地興建醫院，再將醫院開放給各地的開業醫師，這樣就可以自建一個全國性的醫療網，與長庚等大型醫院抗衡。讓醫院可以與大型醫院一樣同享經濟規模的好處，更可以確保病人的來源，讓醫院可以永續。也可以替人壽保戶，提供優質的醫療服務，幫助人壽推廣壽險業務。

老闆接納了我的想法，很快，拿出三塊土地，要我去申請。分別座落在汐止、板橋、新竹，而我原先建議是先在台北周遭新建五家地區醫院。

因國泰醫院一直是扮演開業醫師轉診醫院的角色，對我們不是很排斥，地方政府也樂見新醫院的興建，再加上老闆也親自暗中相助，三塊土地的核可函都順利拿到了。

新竹分院進行得最為順利，一切按進度如期完工，如期開業。

板橋分院在設計時，發覺地基太小，加上地處鬧區，停車是一大難題，會造成當地交通混亂。最後忍痛叫停。

汐止土地面積最大，完工後的規模將比仁愛院區還大。所以是直接向衛生署申請核可的。但問題是當時汐止會淹水，而最近一次竟然是淹到一層樓高。因此是否興建，一度陷入長考而延遲了一段時間。最後還是決定蓋了，並要求建築師將二樓以下，做到有防水的功能，大水淹上來時，要保證裡面不會進水，可以正常工作，好像一條船浮在水中。運氣不錯，到目前為止，都沒有遇到淹水，汐止淹水的問題，因政府興建了員山子分洪道而解決了。

汐止、新竹分院的加入，對醫院財務與維持醫學中心等級的貢獻，是功不可沒的。

第三十節　員工福利

我大學畢業後，在私人小公司待過一小段時間，轉到國泰人壽後，感受到大公司的員工福利，的確是不一樣。每年春、秋兩季補助單位舉辦郊遊，年終補助單位舉辦尾牙聚餐、還有摸彩禮物。另外讓人吃驚的是，在淡水已建有一處很具規模的教育中心，裡面設有教室、餐廳、遊樂設施、宿舍、室內籃球場。可見老闆對員工教育的重視。我在電腦中心那年，有一段時間中心遷移到那裡上班，每天有交通車接送。

醫院籌備時，大部分行政工作人員都來自國泰人壽，因此自然帶來與人壽相同的福利措施。至於員工的教育訓練，醫師部分則仿台大醫院，由各科編排訓練課程，醫院支付講師費，師資都來自台大醫院的資深教授，其他員工也都可以公費申請參加外部訓練課程，以私立醫院而言，已屬相當不錯的福利了。

第三十一節　制訂員工出國進修補助辦法

國泰醫院開業時，除院長、副院長與科主任較資深外，其他主治醫師大部分來自台大醫院剛升任主治醫師的年輕醫師，

院長因年輕時曾有到美研修的體驗，深感到國外醫學中心研修對培養一位優

質醫師的重要性。因此在一次經管會中向老闆提出這項建議。院長宣稱，他將規定現有的主治醫師在未來五年都必須提出國外研修計畫，而未來住院醫師升任主治醫師必須先赴國外醫學中心完成研修。老闆聽了很高興，當場裁示，要管理部趕快擬定辦法配合。

我很快製訂好「員工出國研修補助辦法」簽請老闆核准後立即公布實施。辦法明訂：

1. 研修期間最少半年，最長兩年。
2. 補助辦法
    i. 出國期間國內固定薪資照發。
    ii. 出國來回機票、費用按實核銷。
    iii. 出國期間每日核給固定金額的生活補助費，補助標準按出國地區的物價水準調整。
    iv. 研修期滿回國必須保證繼續服務三年，否則必須繳回出國研修期間所領的薪資與補助費用。

辦法公布後，獲得極大的迴響與好評，尤其醫師更踴躍提出申請，在我離開醫院時，全部的主治醫師都已有出國受訓的紀錄。對醫院醫療品質的提升有極大的貢獻。其中有四個案例，讓我印象深刻：

1.有位年輕外科醫師剛升任主治醫師，常常上班不修邊幅，不刮鬍子，態度高傲，但是出國研修六個月回來，竟然變了一個人，每天上班頭髮整齊，鬍子刮得很乾淨，打著領帶，態度也趨溫和，成為一位成熟的醫師，連院長都稱讚有加。後來他成為一位很受歡迎的紅牌醫師。

2.另一位資深的外科主任醫師，出國研修回來後，立即打電話給我，他說：「我這次研修，有學到一項新的手術方法，可以減輕病人的疼痛，可以大幅縮短住院時間。目前國內各醫學中心都尚未引進。如我們動作快一點，我有信心，國內成功的首例，可以在我們醫院完成。」

我立刻回應：「好，趕快提出申請」

果然，在他的操作下，成功完成國內首例。因而成為國內完成這項手術最多案例的名醫。

3.開業時由台大醫院聘請來的檢驗科主任，他很熱衷研究，每年都有論文於醫學期刊發表，他也申請要到美國進修兩年以取得博士學位。院長認為他好學、喜歡研究，應予鼓勵，特予批准。兩年後順利取得學位回來，更加努力做研究、發表論文，對醫院通過醫學中心的評鑑有很大的幫助。

4.一位台大醫學系第一名畢業的高才生，於台大醫院受完住院醫師訓練後，向院長表示，希望可以到國泰來擔任主治醫師。也希望可以獲得醫院的補助，到美國進修兩年，以取得學位。院長認為他是不可多得人才，值得栽培獲准。現已升任分院院長。

第三十二節　員工旅遊活動

每年兩次員工的郊遊活動，也只有像國泰這樣的大公司才有能力舉辦。目的應該是要增進員工間的感情，加強員工的向心力。

醫院開業後，也沿襲國泰人壽員工福利活動，由醫院選擇時間、地點舉辦員工郊遊活動。每次都需好幾輛大遊覽車組成一個浩浩蕩蕩的車隊，前車還掛著紅布條，確有廣告效果。但每次舉辦過後，不管有沒有參加郊遊，都會聽到不少員工抱怨的聲音，好像很多員工都表示不滿意。

因此，開業第三年，我剛上任管理部主任，即宣布醫院停辦春秋兩季郊遊，改由員工自行辦理。主要規則：

1.每一位員工不分職別，都可以申辦「員工郊遊」。

2.申辦郊遊，必須於醫院指定的布告欄，張貼廣告，接受全院員工自由報名參加。

3.出團前，申辦人可持旅遊計畫、參加員工名單，向福利委員會預借費用。

4.活動後，申辦人可持實際參加名單、活動的團體照片，向福委會核銷費用。

旅遊補助辦法公布，很受員工歡迎，每到春秋兩季活動展開時，指定的佈告欄上，都會貼滿了郊遊廣告，每季大約有五十幾張。而再也沒有員工抱怨他要值班、或剛好有事不能參加、再也沒有員工抱怨餐點、地點不好了，一切都是他自選的，除了由福利會補助一次費用外，員工當然可以自費參加好幾個地方的郊遊。也因參加的員工來自不同的單位，可藉由郊遊互相認識，而強化了員工的凝聚力。

我已不記得過了幾年，有一天在午夜睡夢中，我床邊電話突然響起，我驚醒過來，趕快拿起電話，耳邊傳來一位女生的聲音：「喂！你是謝主任嗎？我是記者，我只是要通知你，你們醫院有一團員工在澎湖離島，回程的船在海中起火，整條船都燒焦了，還好人都被及時趕到的魚船給救了，人員都平安。這麼晚了，還打攪你，我只是想通知你。」

我說：「謝謝、謝謝。」

電話掛了，我已出了冷汗，無法再睡了。

隔天一早，到辦公室，翻閱檔案，才知道參加的員工還不少，其中有好幾位醫師，我管理部一位組長也在內。上班後，這位在現場的組長，進來跟我描述當時驚險一刻。他說，當發現船艙冒出黑煙，船員要他們趕快扣好救生衣，並將他們集中到船尾。當煙越冒越大，已看見火光，大家開始驚慌了，有人已準備跳海。還好，及時發現遠處已有好幾艘漁船急駛而來，當他們被救下船後，沒多久，船尾也冒煙起火了，整艘船都籠罩在黑煙與火光中，太驚險了，再晚幾分鐘，大家開始跳下海，那就不知要傷亡多少人了。

聽完組長的報告，我心一沉，一驚，我暗想，這次如發生傷亡？我該怎麼處理？醫院要如何來面對家屬？

第二天我立即呈給老闆一份報告與一份公告，宣布立即停辦郊遊活動。員工似乎也能諒解，沒有任何抱怨與抗議，靜靜地接受醫院的安排。我也開始思考，如何再開闢另一項福利措施，來取代這項郊遊活動。

當時，國內經濟正在起飛，國人都嚮往國外旅遊，因此我設計了一套國外旅遊補助辦法：

1.員工服務滿三年，即可提出申請。

2.已接受補助的員工，要隔三年纔可以再申請。

3.每次補助一萬元。

4.出國後拿機票存根聯向福委會申請。

5.每年補助人數最多三十人。

公布後果然獲得員工的歡迎，就算今年已額滿，也沒關係，很高興地等下年度。

第三十三節　我個人的旅遊

在職期間，我每年都是帶著家人參加員工的郊遊活動，而且一年不只兩次，有員工來邀請，只要有時間，我都會跟著走到處玩。

個人去旅遊，我記得國內有兩次。

最早一次是自己開車，帶太太環島旅行，為期五天四夜，那時還年輕。另一次也是一樣，五天四夜環島，但改全程搭火車。

國外有三次，都是帶著太太，都是兩星期的長天期旅遊：

第一次到美國，記得轉了兩次機，經過三十幾個小時到達目的地邁阿密。再到中部的拉斯維加斯、西部的舊金山、洛杉磯。

第二次是到澳洲、紐西蘭，因隔年澳洲要舉辦奧運，街上到處可看到賣奧運的紀念品。我買了七條印有奧運標誌的領帶，分送給我部內六位組長。年底參加年終忘年會聚餐，我要六位組長一律穿整齊的西裝制服，打上我送的領帶，上台表演大合唱。連我七位年輕的帥哥，整齊畫一的服裝，站一排在舞台上，大聲賣力唱著最新流行歌曲，那畫面超震撼，獲得全場如雷的掌聲。

第三次到歐洲，漫遊倫敦、阿姆斯特丹、布魯賽爾、巴黎、義大利的羅馬、米蘭、威尼斯、佛羅倫斯、瑞士、奧地利、德國慕尼黑。也是這次銷假上班，馬上談妥內湖分院的案子，成功地讓醫院保住醫學中心的地位。

另外還有三次公費出國考察的紀錄：

第一次是隨副院長到韓國、香港、日本。在香港我看到了一家大型私立醫院的經營模式，比較特別，也是後來當醫院被降級後，我認為這是醫院最後可模仿的經營方式，因此讓我心中淡定，帶太太到歐洲旅行。在日本時，老闆還特地招待我們兩人，在東京六本木一家高級餐廳吃生牛肉。

第二次是與副院長隨醫院協會組團到日本考察醫院的經營管理，長達兩星期。考察團事先安排了訪視好幾家不同類型的醫院，聽取各醫院的經營簡報。日本醫院跟我們不同的策略是，他們不重視平均住院日的長短。而各醫院平均住院日都很長，多達三十天以上。不像我們或美國都在十天以內，而且愈短愈好。回來後，我寫了一份考察報告給老闆，老闆要我分送給各科主任看。副院長也要我送一份給醫院協會。

第三次是我與四大醫療科主任一起前往美國波士頓的麻省總院參訪一星期。這家醫院在美國很有名，是一家大型的連鎖醫療機構，有好幾百家醫療分支機構偏布全州。我負責觀摩醫院的成本分析與管理，因我會計學也是學自英文版的教科書，應該是師出同門，方法是一樣，只是兩家醫院的規模相差很大，所以分析後的運用，重點不一樣。該院負責的這位主管很熱心的跟我解說，他們已純熟地運用這套技術，作為管理工具，用來決定醫療項目、醫院部門、或分支機構的存廢。我對前兩項一直存疑而持保留態度。

第三十四節　年終員工聚餐（忘年會）

這也是從人壽沿襲過來的活動。從籌備那年開始舉辦，在一家餐廳，僅有五桌，已有摸彩活動，那年我摸得頭彩，是我在職場三十五年來唯一摸到獎品的一次，是個好彩頭。開業後，也曾在第一分館的地下一樓員工餐廳請師傅來辦桌，這時已開始有那卡西來助興了。接著員工數不斷地增加，已沒有餐廳可以接了。只好移師到剛開業不久的來來大飯店舉辦，飯店有大宴會廳可容納八十桌。

當餐會決定移到豪華的來來宴會廳時，我心裡已在盤算，應讓這活動更活潑，讓員工有參與感，讓員工對這活動有期待，更樂於參加。我想我應起帶頭作用。

我召集我部裡的六位組長開會，告訴他們我的想法，要他們上台表演，我知道，其中一位組長很會唱歌，我請他選歌，並負責教唱。我交代他們下班先到我辦公室閉門練唱半小時，並要求回去也要自己練，要練到會背為止。結果，他們都沒問題，只有我不會背。他們安慰我說：「主任，沒關係，到時在台上，你只要對嘴就可以了。」

我再叮嚀他們，當天要穿正式的西裝制服，統一打上我送的有奧運標誌的領帶。

忘年會晚宴開始前，我走到主持人前。悄悄地跟她說：「請在中段時，安插一段時間，讓我帶管理部同仁上台表演。」

她聽了一愣，隨即反應過來，滿臉笑容地說：「行！行！我會安排。」

麥克風傳來主持人的聲音：「下個節目，由管理部表演，管理部同仁請。」台下全場隨即安靜下來。大家都翹頭張大眼睛探望著，好奇地看誰要出來表演。

說時遲那時快，在台下不同餐桌，突然冒出來七位帥哥，各自奔上舞台，一字排開，整齊的西裝，鮮艷花俏的領帶，當音樂響起，高亢嘹亮，充滿節奏的歌聲，響徹全場時，畫面音響太震撼了。我們得到全場員工熱烈的掌聲，我知道，我成功了。

往後，年終將近時，已有員工動起來，開始籌劃表演活動了。我要求主持人事先到各單位走動走動，預先瞭解可能有多少節目，並製作節目單，在主桌與貴賓桌的座位前放一張。並到各單位探尋有潛力的員工，尋找新的節目主持人，要編寫串場的口白，要幫助新節目主持人認識當晚在場的來賓與主管，我要原來的主持人把自己升格為製作人。

整個活動已有職業級大型綜藝節目的水準了，員工期待，老闆也喜歡。

管理部也因此每年參加表演，加入演出的人數也年年增加。除了唱歌，也加入舞蹈、劇情。那年，當台上唱出最後一首歌〈台北的天空〉時，後台走出六位員工，手中各持一面牌子，上面分別寫著：

「給」、「我」、「一」、「片」、「天」、「空」。

替院長與全體員工說出心裡的期望。

希望催生「國泰汐止分院」。

就在當下的時空背景，自然的產生了。

在豪華的大飯店。連續十幾年為員工舉辦如此大型的忘年會活動，在那年代，無論是醫界或企業界應該是找不到第二家了。

我們母公司國泰人壽也沒有。

第三十五節　我的職場危機

我二十七歲進國泰人壽，三十三歲轉調國泰醫院籌備處，三十六歲升任醫院管裡部主任，五十五歲再回國泰人壽擔任協理職位，五十八歲自動申請退休。在這之前，只有兩次到私人公司上班，但都非常短暫，每家都只有幾個月的時間，其餘都是在淡江大學任助教。所以應該可以說，我的這一生只在一個職場從一而終。

在這三十二年的職場期間，表面看似風平浪靜，其實是暗潮洶湧，如履薄冰，充滿危機。但我不解的是，在我當年身歷其境時，好像沒有處在危機中的感覺，而一味勇往直前。現在回憶起來，卻冒冷汗，心裡直喊：「太幸運了！」

第三十六節　同儕的不服

剛進國泰人壽的前五年，我待過四個單位，在每個單位都有小試身手，獲得主管的好評。但應沒有同儕的問題。因大家都還算只在基層，正各自努力在各自相互平行的登頂小路上爬著，大家都還可以維持山友的氛圍。

但當我一夜之間，無預警地成為他們的主任，見面要改口稱呼，確有點尷尬了。我自己也感不自在，所以有三天不敢坐上主任那把大旋轉椅。六位組長中，五位年資還淺，又知道作業系統是我設計的，也還沒有野心想競逐主任這個職位，所以很快就改口了，但其中一位負責人事業務的組長，就覺不服了。他跟我同樣年齡，在人壽的年資比我長。他是特別從人壽人事部挖角到醫院負責籌備人事業務，而當時人事是一個獨立部門，因此他到醫院來，應抱著很高的期待，他會接人事室主任的位子。

可是，世事難料，醫院開業一年後，人事室主任被調回人壽，人事室撤銷留下人事組並納入管理室。這應在他心裡已產生很大的失落感，現在又看到我坐上主任位子，心裡不服是可以理解的，我想給他幾天時間，他應會自我調適。

可惜，他卻採不合作的態度，我交代他幫我準備一份資料，兩天不見他回覆，我走進他的辦公室，他坐著不動，我問：「資料好了沒？」

他抬頭望我一眼，回說：「我不想做，我們人事不應該做這份資料。」

我不想與他爭論，轉身交代一位組員，背後突然傳來大聲斥呵：「不要做！」

整個辦公室內的人都轉頭看著我們，我回身大力拍一下桌子，大聲說：「不做？你給我回去！」

他說：「好，我回去！將來誰的職位大還不一定。」

過沒幾天，人壽來文了，要調他回去。我心中暗喜，總算幫我搬開這顆大石頭。沒多久，我在人壽的同學來電：「你知道？他爸爸是董事長的老朋友……」

我心中暗自嘀咕著：「會不會有問題？」

經過幾天了，董事長要我到他辦公室。我進去，他交代了幾件事要我處理，我出來，沒事！老闆沒有提這件事。

直到我從人壽退休，這位組長在人壽的職位都沒有超越我。這位組長我一直不太欣賞他的做事態度，有一次與幾位同事聊天時，他說：「當一位主管，如去開會，就帶回來新的工作，就不是一位好主管。」

他回人壽升遷不如預期，應該是這心態害了他。

還是老闆英明！

第三十七節　人言可畏

在老闆、院長、副院長的支持下，我有一個穩定的工作環境，讓我可以專心地率領管理部六個組一百多位員工，日以繼夜，努力提供最佳的服務給全院員工、與來院的病人。

這樣的日子經過幾年，正當一切都在往好的方向前進時，突然接到一紙來函，上面寫著：醫院總務部主任、總務組長、採購組長、管理部會計組長、出納組長、醫事組長等六位免職，調回人壽另有任用，職缺由人壽派員接任，即日生效。

我才看完來函，六位接任人員，已走進我辦公室，經一蕃自我介紹，他們各自都清楚自己的任務，也知到各組在那裡，所以不用請人帶路，她們熟門熟路地，各自前往各自的場地，立即辦理點交的工作。

我心中很錯愕，我不知道什麼事？為什麼會這樣？到底發生什麼事？我想起三天前，總務主任來電說：「你要被調回人壽，人壽總務部老同事偷偷告訴我的，你要暫時保密。」

馬上掛了電話，我愣了一下，想，好罷，等等看。

看到公文，更震驚！是六位幹部同時換，更驚訝的是，名單中沒有我，卻換成三天前打給我電話的總務部主任。臨時抽換過公文？忍了三天，終於鼓足勇氣，求見老闆，我問：「為什麼會這樣換？」

老闆笑著說：「本來是想換你回來，但後來一想還是把你留在醫院對我比較有幫助。我一下子派六位稽核人員過去，可以更快證實你的清白。你好好幹，將來讓你接副院長。」

六位來接任的人壽幹員，老闆同意他們在醫院工作兩年後，可自由申請回人壽。六位中，總務部主任不到兩年就被調回去，其他三位在兩年後，也都陸續請調回去了，有兩位留在醫院，一位在組長的職位工作到退休，一位則升任副院長職位後，工作到屆齡退休。

我，則是真金不怕火煉，經過這次人事大調動的洗禮，老闆對我更加信任了。聽說他們定期寫給老闆的稽核報告，都對我設計的作業系統，非常肯定，尤其是內部稽核與現金管控，更為傑出，比人壽更好。

而造成這次調動的原因，聽說是一位特殊專業單位的主管跟老闆打的小報告，這位主管也在醫院工作到屆齡退休。

我可以度過最後人事升遷的競逐危機，讓我可以平安在國泰人壽退休，老闆的支持，應是最大關鍵，我深深相信。

第三十八節　電腦化的危機

在醫院籌備處時，雖然有去參觀過幾家醫院，但我覺得他們的作業系統，存在太多的漏洞，作業流程中缺乏相互勾稽作用，無法產出有效的資訊，將使未來的醫院，陷入黑洞裡，看不見真相，而無法有效管理。因此，我摒棄當時各醫院普遍使用的作業系統，而完全根據在淡江教科書所學到的知識，畫出心目中理想的作業流程。我當然意識到，這樣的系統，將來業務量增加時，很可能有人工無法負荷的危機。

第三十九節　新機的危機

我知道，應該藉助電腦的幫忙，但因當時我對電腦的認知有限，再加上認為電腦很貴，應該不是我們這種小型醫院可以負擔。所以，在設計作業流程時，我並沒有提出要求購買電腦。是老闆主動關心，問我醫院是否應該要用電腦。

很快，老闆同意我買這部全國首部，最新，可線上即時處理，迷你型的電腦，我在電腦教科書上有看過這樣的電腦作業方式。而且價格非常便宜，這是讓我心動選擇這型電腦的另一個重要因素。

電腦裝好了，操作手冊也看了，問題來了，沒有人知道怎麼寫這類電腦的作業程式。因跟以前在 IBM 電腦作業程式的設計概念完全不一樣。好像需要有人可以突破，要先設計一套程式，存在主機裡，二十四小時，隨時待命，接住幾十部終端機，隨時送來的資料並分門別類送給下游的程式去處理，完成後再將答案送回給剛剛送下來資料的終端機。這一套程式應是整個作業系統的核心程式，有了它，電腦才能作業。問題是，大家都沒有經驗，不知怎麼設計。

時間一天一天過去，電腦已安裝好一段時間了，我開始焦慮，心裡暗呼：「怎麼辦！怎麼辦！」

每天都花許多時間坐在電腦組，與這些程式設計師一起研究，該如何設計。

這段時間，我只見組長經常一人默默地坐在終端機前，敲打著鍵盤，測試程式。有一天，他興沖沖地跑過來跟我說：「主任，我成功了，程式已寫好了，大家可以分頭寫上，下游的作業程式了。」

終於，鬆了一口氣，電腦化的工作順利如期展開了。

但如不幸，這位組長沒有能及時研發成功，你能想像會出現怎樣的狀況嗎？現在，我真不敢想，但可確定的是，今天的我就肯定跟現在不一樣了。

第四十節　電腦人員流動的危機

當醫院規模從三百床擴充到五百床時，原來使用中的迷你電腦，就真的太迷你了。已無法再接更多終端機。因此我又及時增購了一台新的電腦，同樣是線上即時處理型的中型電腦，號稱可以同時接幾百台終端機同時作業。在國內又是第一家使用的新品牌。

但這部新電腦，並沒有再難倒我們的電腦人員，因為電腦的系統，已升級了。許多基本功能都有了，不需要自己寫。所以很快，門診系統就轉換到新電腦了。此時，這批電腦人員除組長、副組長外，其他四位都已換了新人。一位考進中華電信，再回學校拿到博士學位，轉任專職電算系教授，並擔任系主任直到退休，一位出去賣電腦設備，後來自組公司當老闆。一位出去與人合組軟體公司，承攬醫院電腦化業務，一位改行當藥品銷售人員。

我知道，以當時醫院規模，要長期留住這些有經驗的程式設計師是有困難。因此很早，我已有一個構想，希望試著將電腦組轉型，成為一家類似內部創業的軟體設計公司，可以承攬其他醫院的電腦化業務。我估計可行性很高，因當時我們在醫界電腦化是居領先地位。但令人扼腕的是，我沒能抓住機會，因中部一家中型的教會醫院，已主動上來要我幫他們醫院電腦化，而且願意跟隨我們電腦化的腳步，購買跟我們一樣的電腦設備。我也向老闆報備了。

眼看已有一個好的開始了，只可惜，我們自己的開發進度，慢了一步，沒能配合上對方的腳步，因對方很積極，跟著我們後腳，也訂購了跟我們同型的電腦，等著我們過去幫他們安裝作業軟體。我們當時在新機的開發速度，的確延遲了一年，主要原因是為了開發新的住院病人的結帳電腦化作業。對方因等不及了，只好也自己聘人自行開發。此案就不了了之了。

就在新系統上線後不久，人員流動的危機又再度發生了，除組長、副組長外，其他六位程式設計師集體被挖角到證券交易所，因證交所也選擇與我們相同的電腦。

幸運的是，我已沒有新的作業要開發，只剩下維護的工作，所以有時間再雇用一批新人進來培訓。但這樣的日子拖久了，眼看未來短時間，也沒有新的業務待開發，連兩位資深人員也坐不住了。副組長申請調內湖分院擔任行政室主任，組長最後也離職，自組軟體公司承攬公私機構的電腦化業務。

現在想起來，當初如果我更有企圖心，更大膽點，說服老闆及時多雇幾位人手，下去幫忙那家醫院的電腦化，現在可能會有不同的發展。

不過，當時我正全心全意地在照顧這家正在辛苦成長的醫院，其實已沒有餘力再去孕育另一家新興的軟體公司了。也只能眼睜睜地看著「機會」在我手中流失。

第四十一節　突被免職

我在車上，在回醫院的途中，接到來電說：「你被免職了，快回來。」是一位組長打來的，聲音有點驚恐。

回到辦公室，看了公文，知道我要被調回國泰人壽了。我心中茫然，怎麼會這麼突然？是有做錯什麼嗎？

當天回到家，我告訴太太這突如其來地訊息，太太知道我已無法使自己內心平靜。她說：「等一下我們去恩主宮走走？」

在廟裡的長凳，靜靜坐著，太太也默默陪著。已過了一段時間，我說：「回家吧！」

我們走進地下街，看到整條街都是算命的，太太突然興奮地拉著我的手說：「我們去算算命？」

我們找一位看起來較順眼中年算命師，走進去，太太說：「幫我先生算算命。」

算命師要我抓幾粒米灑在桌面，算命師看了看，就開始在一張白紙上，寫下一段文字，然後對我笑著說：「好卦，你想問什麼？」

我說：「我最近要換工作，不知是好還是壞？」

算命師拿起剛剛他寫的那張紙，指著一段他剛寫的文字，笑著對我說：「你看！卦文的意思，不是在說你現在像一隻井底之蛙？被困在井底，現在有機會換新工作，不正是可以跳出井底，有機會看看外面的世界。怎麼不好？」。

真的，說進我們心坎裡了，我們不約而同的笑出來，我們站起來，跟算命師說謝謝，我從口袋掏出所有的一疊千元鈔，全數包進紅包袋，遞給算命師當謝金。太太沒問我包多少錢，我知道那應是一萬元。我忘記為什麼當晚口袋會帶那麼多錢。不過，我們是踏著愉快的步伐，漫步走向回家之路。

那天晚上，我情緒仍有點亢奮，徹夜輾轉難眠，腦中一幕一幕閃過我在醫院二十三年的點點滴滴。

＊醫院的行政作業系統是我設計的，成功完成整個作業的電腦化，沒有人指導、沒有醫院可共參考。

＊醫院的員工薪資制度是我設計的，從年資制改為職務薪制。

＊我連續幾年成功為員工調薪，並單獨為護理人員大幅調薪。

＊我為了員工調薪計畫，被老闆在電話中連罵了一小時。

＊我將主治醫師的薪資從全固定薪改為浮動薪制。以成功化解來自長庚抽成制的壓力。

＊我重新設計員工旅遊活動，帶動員工積極參與忘年會的表演活動，成功凝

聚員工的向心力。

＊我設計每月發放績效獎金，成功激勵基層員工的士氣。使醫院獲得一面空前絕後的醫院類服務金牌獎。

＊我主持十幾次重大醫療糾紛的調解工作，成功化解與病人家屬的紛爭。避免醫師受到病人親友的騷擾。

＊我力行保險病人的轉診制度，親自拜訪分布全國各地幾百家診所，創造出「國泰只看大病，不看小病」的口碑。

＊我受邀到各大專院校、研究所、醫院做過幾十場有關醫院管理、與成本分析的演講。

＊我曾受聘擔任衛生署有關醫管類研究計畫的審查委員，其中一件是楊志良教授所申請的研究計畫。

＊我曾受聘擔任台北市聯醫中心的審查委員，協助評審各院區年度醫療設備申購案。

＊我成功而及時地談妥內湖醫院的經營權，並改名為「國泰內湖分院」，納入國泰醫院的經營體系，保住了醫學中心的地位。

＊我成功地申請到汐止、新竹、板橋三家新分院的建院許可。到我離開國泰機構時，汐止、新竹分院已加入營運了，板橋分院則在設計時，因覺得土地面積太小，車輛的迴轉空間不足，而宣布停止興建。

我自覺，我這二十三年在國泰醫院，我付出了我的全部，但也得到我人生最大的報酬，我來自鄉下，父親是窮公務員，家無恆產，當進入國泰人壽後，我才真正開始走上屬於我的人生，我開始要養父母，要買房子，要養兒子，要準備養老。而給我最多的時段，是在國泰醫院。

國泰醫院給我一大幅白布，讓我盡情揮灑，讓我在淡江七年所學，完全得以發揮，自由的應用於實際的醫院管理作業。

國泰醫院給我一個大舞台，讓我自由舞動，讓我可以順著醫院由小到大的成長過程，量身訂製所需要的規則、流程與人員配置，讓醫院保持年年有餘，得以健康的長大。

我全力投入，努力做到讓老闆不用為醫院操心，取得老闆完全信任，醫院會遭遇的問題，我會事先跟他報告，並同時提出因應的對策。老闆從沒有給我掣肘限制，日子久了，給全院員工一個錯誤印象，好像醫院大小事都是我在決定，我是醫院最有權力的人：

＊各單位要新的設備，要先問問我

＊要新增人員，要先問問我

＊今年會發多少獎金？要看我的決定

＊今年會不會調薪？要看我的決定

＊外聘的主治醫師，院長都會先要求跟我面談

但對我而言，我從不認為這是我的一種權力，我一直認為這只是我不能逃避的責任，我只是一位醫院管理工作的幕僚，我必須及時提供各級主管正確的資訊，以便做出正確決定，確保決策品質，讓醫院可以順利成長。其實我早就認知，

我來醫院管理部工作，絕對不是來「管」醫院的，而應該是來「服務」的。我知道要做好我的工作，必須將自己的身段蹲低一點，以便形成一個漩渦，創造一個內漩的凝聚力。我相信我做到了。

當然，老闆也給我相當豐富報酬，每年給我加薪，配我一間大大的辦公室，裡面有大型辦公桌、高背旋轉椅、書櫃、儲藏櫃、六人座的沙發一套，在我四十八歲那年，更加碼配我一部新的小轎車、一位專屬司機，除接送上下班外，還接我到處開會、演講、拜會各醫院、診所，假日更讓我自由使用，油錢、司機加班費，都算醫院的費用。當時銀行的總經理坐車跟我一樣，長庚醫院的管理部主任也沒有車子。可說是相當的風光。

隔天，早上起來，我已換了心情，又踏著愉快的腳步出門搭上公務車上班了。其實，昨晚我心裡已嘀咕著，明天開始沒有車子、沒有司機了，是不是會被降職任用，薪水會被減少？

昨晚不敢跟太太提起這項憂慮。

第四十二節　回國泰人壽

我已五十五歲了，回人壽我還能做什麼？如果又是降職任用，要不要忍受？看到人事派令，心中禁不住興起一股暗喜，回去是以「協理」職稱任用，薪水照舊，仍保有公務車接送，在人壽大樓二十二層擁有一間大辦公室，比在醫院時還要大，還有一位被指定的兼任秘書助理。

協理一職，在人壽是在經理之上，總經理之下的職位，人壽是上市公司，每年發行的公報上，都會刊登高階主管的照片，因此，連續三年公報上都有我的特寫，我排名在最後一位，第十八名。而當時人壽全國員工已有兩萬多名。

我只經管一個單位，是一個比較特殊的單位，有位經理，底下有十幾位工作人員，直屬老闆。現任經理是剛上任，前任經理被調往醫院接我的職位。上班第二天，老闆要我到他辦公室。他遞給我一份工作清單

老闆說：「這是目前綜企室在討論中的案子，你以後要參加討論會，這份清單你先看看，但記得不要將這些內容外洩，要保密。還有，你剛回來，要先去見

見總經理。」

我回到辦公室，我立即請秘書幫我約見總經理。他年紀跟我差不多，是淡大數學系畢，我回學校擔任商學院助教時，他是數學系助教。第二年我轉電算係助教，他的辦公事在我隔壁，所以我知道他，但他應不認識我。因沒多久，就聽說數學系有四位助教，集體應聘到國泰人壽擔任精算師。總經理應比我早兩年進公司。

見面後，互相喊喧幾句，他問我：「你幾年次？」

我說：「三十三年，快要退休了。」

他隨即回頭打了幾下鍵盤，看看螢幕，回頭對我笑笑說：「還有幾年，歡迎你回來。」

後來有一次，突然來到我辦公室，坐了一會兒。之後我們就沒有機會往來了。雖然相隔只有五層樓。

回人壽後，因感受到老闆的禮遇，再加上算命師說是好事，所以內心已釋懷，不再想去探究這次被調回的原因了。每天都很愉快的等公務車來接上班，開始享受在大公司當一位高階主管所擁有的非薪資的特別待遇。我感覺，是在醫院沒有，也不可能有的。難怪，在醫院時，醫院行政副院長，跟我抱怨說：「我在人壽時，在台北辦公室說的一句話，連屏東都會震動，而在醫院我的話，出我的辦公室就沒人理了。」

不久，業務部通知，說要請我去訪視分公司，時間、地點由他們安排，會有專人陪同。我參訪了幾家分公司，令我印象深刻的是，下午保險招攬員的下班前聚會方式。很熱鬧，大家爭著上前在黑板寫下今天的業績，接受大家的掌聲與鑼鼓聲。結束，由經理總結，說幾句鼓勵的話。我有受到驚嚇，也開了眼界。倒是跟經理座談，總覺得他們有所保留，不敢暢言，我想是怕得罪經管他們的主管吧！

第四十三節　學中文打字

因公司正在推行公文系統電腦化，開課要這些老人學習操作電腦、學習中文打字。反正沒事，就開始練打中文吧！早上到辦公室，看完報紙，就將報紙社論折放在終端機旁，開始用注音輸入法一字一字慢慢敲打著鍵盤輸入。最難的是我的台灣國語。開始一篇社論打到下班都還沒打完。最後只需要兩小時。現在寫回憶錄，可以在鍵盤中打，就是在那時練的功夫。

第四十四節　建議醫院電腦化升級

有一天，前醫院已離職的電腦組長，突然來我辦公室，很興奮地告訴我，他已開發出影像傳輸技術，可以幫醫院開發醫療作業系統了。他估計包括電腦設備，只需四千多萬就可以了。我對他有信心，所以跟他說：「我跟老闆說說看，過幾天我給你回話。」

好像積壓在心頭的陳年問題，好不容易才找到了解決的方案，有點興奮。很快地寫了一份報告呈給老闆，告訴老闆，醫院的電腦化要趕快著手升級了。因這幾年各大醫院如台大、榮總、馬偕、三總等醫院都紛紛投入鉅資，開始開發醫院醫療作業的電腦化，目標都放在：

1.醫療各項檢查的影像、數據的建檔、儲存與傳輸。
2.醫師醫囑的開立、建檔、與傳輸。
3.病歷製作、建檔、傳輸的電子化，以取消紙本病歷為目標。
4.各項管理資訊的製作與傳輸。

各大醫院都努力在提升醫療作業效率，與管理決策品質。我再告訴老闆，我們要趕緊將醫院的電腦化升級了，否則我們與各大醫院比起來，會顯得極為落伍，何況，我們幾個分院都陸續在加入營運中，將來醫療作業會愈來愈不方便，形成嚴重的人力負擔。

我跟老闆說，要開發醫療作業系統，需要花很多錢，以現在醫院的規模，可能負擔太重，而現在各醫院的作法：

1.將開發的工作外包給軟體公司
2.在院內成立相當規模的電腦部門，以承接系統上線後的維護工作。

所以如要大幅降低投資金額，可以將前離職的組長請回來，繼續像過去一樣自己開發。省去外包的鉅額費用，但開發速度，可能較難掌控。

老闆很快就決定要升級醫院的電腦作業系統，但對自己開發則有疑慮，所以將案子交投資部與資訊部研究，最後決定：

1.將開發工作外包，以確保開發進度。

2.擴大醫院電腦組的人員編制，並提升為電腦室。

並立即將案子交資訊部執行。

退休後這些年，每年幾乎都要陪太太進出醫院好幾回。也看到醫院的電腦化，慢慢逐年在趕上其他醫學中心，內心深感欣慰，也覺得這應算是我對醫院最後一件貢獻吧。

第四十五節　連鎖醫院的經營模式

老闆問：「連鎖醫院的經營模式是什麼？」

我想了幾天，也到書店找參考書籍，可是沒找到可供參考的資料。只好再發揮我的想像力，努力寫了一份報告給老闆。

報告內容主要有以下幾點：

1.建立全國連鎖醫療網，是讓醫院達成經濟規模的長期發展策略。

2.選擇在中、南部各興建一所區域醫院級的醫院。

3.於全國各地方普建地區醫院級醫院。

4.開放各地開業診所申請為特約診所。

5.實施醫療分級轉診制度，以提高醫療資源的有效運用。

6.設立專責公司，統一採購藥材。

7.成立藥材物流公司，負責配送藥材至全國醫療分支單位。以盈餘纍積足額的醫療發展基金，使醫院可以自給自足，永續發展。同時讓醫院可以逐步提供高品質的醫療與服務給全國的保戶，以幫助人壽發展保險業務。

全國醫療網的建立是一條艱辛而漫長的路。考驗著所有執事者的毅力與決心。而當時類似的行業如統一超商也剛在起步。所以後來此案沒有繼續付之實行是可理解的。

第四十六節　到台東買農地

回人壽兩年了，我內心不斷在呼喚著：「回家吧！」「我已不能再為公司做什麼了。」我憧憬鄉村的生活，希望能蓋一棟大大的房子，將媽媽、岳母一起移居鄉下終老。在餘生好好享受看海、看山、日出、日落的日子。

我告訴太太我的想法，我想提早退休，她立即說好，她也要跟我一起退休。我們盤點手上擁有的資產，加上她的退休俸，應該夠我們在鄉下，過著不愁吃、穿的日子。

我隨即將我的年度特休假，分別安排於不同的月份。每月開始背著背包，往宜蘭、花蓮走，看地、看農舍，但都沒有看到想像中的地點。沒有景觀，我不想讓房子孤獨地蓋在大片農田中。好吧，就繼續南下到台東。我腦中印象，台東是台灣最美的一塊淨土。即然想移民，台東應要列入選項。與移民紐西蘭、加拿大、美國相比，台東很近，還在島內。

我往東部找農地，每次都安排三天兩夜，記得第一次安排去台東找地，是一個人搭台鐵到花蓮，再搭客運走縱谷線到台東。隔天，再由台東坐客運走海線北上，在石梯坪下車，住進在海邊的一家民宿，品嚐住在海邊的味道。第三天再由花蓮回台北。

經過這趟台東之旅，我已決定在台東市與成功鎮間買地蓋房子了。因這段海線太美了又距台東市較近。

很巧，在報紙的廣告欄看到一則很小的廣告。刊登台東成功附近有農地要出售，視野極佳，倚山看海。我立即撥電話過去，接電話的人說他是地主，如果有興趣可以到長濱找他，他在長濱經營一家民宿，晚上可住在他那裡，白天他可以帶我到附近看看幾塊地與最近蓋好的幾家農舍。

我安排好休假，很快就下去長濱，在看完了幾塊地與農舍後，他帶我去看他廣告中的那塊地。

覺得太美了，就是我夢中之地。隔沒幾天，我再帶太太下去看，太太也很滿意，我當天就跟地主下定金決定買了。

第四十七節　辭別了——三十二年的終身職涯

農地買了，我想以後日子應該很忙，要找人設計農舍，要整地，要接水，可能要打地井，要監工，要開闢農園，種樹，種菜，打造花園，還有更重要的是，我認為應該在移民台東之前，帶太太出國旅遊，先看看世界，免得將來覺得有遺憾。

雖然還有兩年多才需要退休，但我想應該不要把時間白白花在這裡，呆呆地坐在這間大大的辦公室，只為了可以多賺錢？不，我應該為往後可能長達二十幾年的退休生活提早開始做準備。

我立刻擬了一份致老闆的信，詳列這三十二年在人壽、醫院所做過的事。我跟老闆說這已是窮盡我所能了，尤其在醫院這段工作更是我最感自豪的一項創作。

衡之，離我命令退休，只剩兩年多了，我自忖我已不可能再為老闆做有意義、有貢獻的事了，我想回家，及早為自己的退休生活做準備。我也告訴老闆，我已在台東買了一千坪農地，計畫移民台東過耕讀的日子。

信送出後沒幾天，老闆的特助來到我的辦公室，說這信老闆已看過了，老闆說好，請你正式擬一份簽呈附上這封信，呈總經理轉呈老闆批示。

這時候已是十二月中旬，年終獎金是一月初發，所以我的退休日就選民國九十二年二月一日。這樣二月份的薪水也可全拿，這是國泰人壽對離職員工的福利。

因我新年度有三十幾天的特休假，所以一月份可以全部排休不用進辦公室了。

在這期間，總經理特地為我辦了一場榮退的歡送宴，開放總公司各級幹部自由參加，連署參加的人員包括總經理計八十三人。其實我離開公司有二十三年，大部分的人我都不認識。

宴中，總經理代表與會人員贈我一面獎牌，內鑲有用黃金打造的四個字「情誼長存」。

當晚老闆也來參加，並代表公司送我一面金牌，內鑲有同樣用黃金打造的六個字「功在國泰人壽」。

有感受到老闆的特殊關愛。

民國九十二年二月一日是我的退休日，是我職涯最後一個上班日。當天上班不久，秘書來電，要我立即上來老闆辦公室。進入辦公室，除老闆外還有總經理與幾位副總經理在座。原來是老闆特別安排的一場道別談話會。老闆先祝我移民台東順利成功。接著大家閒話家常，時間約半小時結束。

回到這間大大的辦公室，桌面、抽屜內、壁櫥內都已清空了，我靜靜地坐在那張高背的旋轉椅，不時轉身望著大面玻璃窗外的仁愛路、遠處山上的內湖碧山廟、與三軍總院前的我家。這是四年前預售時訂購的，於一年前從住二十年的南京東路五段住處，搬到內湖新家，我原只想退休後回內湖，回到我童年生活的地方。

時間一分一秒地溜過，很快，下午五點了，鐘響了，我走出辦公室，與秘書說再見，走進電梯，下地下二樓停車場，走出電梯，車子已在電梯門口等候。

靜靜坐進後座，車子很快到內湖住家的社區大門口。下車，跟司機說謝謝，上樓，踏入家門，我強烈意識到，我真的回家了。

第三章 裸退的生活

第一節 太太的不安

回家了，第二天早上醒來，我好像已不是昨天的我，今天不用上班了，早餐太太準備好了，不用到八樓了，除太太外，不會有人來跟我講話了。早餐時，太太說：「等一下要看報紙，你可以走到行政中心的圖書室看，那裡有各種報章雜誌，甚至可借書看，我沒有買報紙。」

因她比我早四個月退休在家，我已意識到她有點不安，對以後沒有收入，日子要怎麼過？

第二節 做計畫

早上到行政中心看過早報，回來站在廚房陪太太做午餐，聊天。用過餐，上樓睡一會兒午覺，坐上電腦桌，我想我應該先做一份年度收支預估表。

編好後，發覺，太好了，收支相當。我趕快拿給太太看，請她逐項再核計一遍，看看是否有遺漏之處。她拿過去，很認真核對，過了一會兒，她說：「好像沒錯。」

我說：「太好了，那我們以後的生活費就不會用到我們的老本了。」

接著，我跟她建議到銀行申請一個新的帳戶，我們可以將一年預估的生活費每年一次轉到這帳戶，每月要用時再從這帳戶提領，這樣就可以放心的花錢，不會感覺是在花老本了。我打鐵趁熱，緊接著再建議再多設一個專戶，我們可撥入一筆錢，專供我們出國旅遊用，剩下的錢照樣放銀行，可以撥少部分請理專幫忙購買基金，看是否能賺到較高的利息。她很快說：「好，那剩下的錢是否分兩半，一半存你那裡，一半存我這裡？」

我說：「好，這樣更好！」

我看到她臉上有笑容了。我知道我成功了。

第三節　出國旅遊

這件事擺在心裡很久，現在終於可以開始安排了。我跟太太的想法很一致，先歐洲、美洲再亞洲。先從遠地開始，再到近的。但對退休後的第一次出國，還是覺得有點生疏。最後決定先去東京五天四夜，試試看，先作為暖身。

我二月一日退休，三月底就成行到東京了。很冷，但還是很興奮，在往箱根的途中，看到頂上蓋著白雪著名的富士山。晚間在旅舍享用日本料理、泡溫泉。隔天去一條河邊賞櫻花，第四天是自由日，大多數人都選擇隨導遊到迪士尼樂園，而我們兩人則選擇自己搭地鐵逛皇宮前的廣場、走路到東京鐵塔，我上到第一層觀景台，因有懼高症，我留下來休息讓太太一人再搭電梯上最高層的觀景台，下來再搭地鐵到銀座，兩人漫步於銀座大道，欣賞兩旁佈置美煥美崙的櫥窗，走進一間飲品店，各點一杯果汁、一客冰淇淋也就心滿意足了，覺得不虛此行。

有了東京之旅的美好經驗，更興致勃勃地期待下一個旅程。因此，很快地在四月底又隨團往德國，從德勒斯登開始繞遊德國一圈，看到二次世界大戰所留下的集中營、毒氣室、焚化爐，令人不寒而慄，希望世界不要再出現這樣瘋狂的國家領導人了。

中古世紀的小鎮、萊因河沿岸的古堡、葡萄酒莊、整理得非常乾淨整齊，一片綠油油的鄉村景觀，都令我們讚嘆不已。

六月底我們再度出發，前往北歐五國。瑞典斯德哥爾摩的諾貝爾頒獎大廳、波羅地海的渡輪、芬蘭赫爾辛基的東正教堂，聖誕老人村，挪威的北角，觀賞日不落的奇景，高山火車的瀑布表演，令人讚嘆的海灣景觀，奧斯陸石雕公園的憤怒小孩，到冰島泡戶外溫泉、體驗太陽已高掛的早晨，造型奇特美麗的教堂，還有丹麥哥本哈根的市容，在在都讓我們難忘。北歐一直是我們最嚮往一遊的地方。

為了台東蓋農舍，需要與建築師密切的討論，我們停了一段時間沒有安排出國，直到隔年六月底我們又出發往東歐與俄羅斯。第一天因飛機有問題，意外在香港住了一晚，所以東歐的行程就跳過原訂的匈牙利，直接到奧地利的維也納，再到捷克的布拉格、波蘭的鹽洞，再飛往聖彼得堡，再到莫斯科。發現俄羅斯這兩城市，其景觀跟歐洲還真不一樣。更巧的是，新光醫院院長一家人也一起同遊。

緊接著九月底，再選擇往美加東，想像美洲大陸一定跟歐洲景觀不同。那時天氣還不太冷，黃石公園尚未關閉，楓葉也已開始慢慢轉紅。行程從美國總統四大雕像開始，接著到黃石公園的老實泉、美加大瀑布，再進入加拿大經克拉克、多倫多到東岸的魁北克，在經一天的車程到美國東岸的波士頓、紐約、華盛頓等著名城市。

沒有邊際的美國中部平坦高原、大大的藍色天空佈滿朵朵的大白雲，覆蓋著灰黃色長草的山脈，山谷裡一條深藍色彎曲的溪流，太美了，令人讚嘆不已。但從此再也沒有出國旅遊了。展開一條漫長的修行之路，體驗人生之無常。

第四節　台東耕讀的夢碎了

退休之前買了農地，根據規定，要持有兩年才能申請蓋農舍。我想剛好可以利用這段時間，請建築師設計一間比較有特色的房子。還有整個園區的配置，水、電、污水的排放、廢棄物的處理等設施的規劃設計。也需要找專業人員幫忙。另外更重要的是，我必須利用這段時間，帶太太出國旅遊。否則等農舍開工建造，將會有一段很長時間很忙而走不開，沒有時間出國，將來會感到後悔遺憾。

經朋友介紹，很快找到一位在台北開業的年輕建築師。他對這建案也很感興趣。請我帶他去台東現場看看。因他需要知道現場的環境、視野、日光的走向、風向等資訊。看完後，他很快找一位剛從荷蘭學空間設計的年輕人，來負責本案房子造型與空間規劃。

過了一段時間，年輕的設計師帶來房子的模型，到事務所向建築師與我做簡報。他說房子的造型是由國字的「之」字型態演化而來。有兩個獨立空間一為兩層一為一層，中間採開放的中庭，有清淨的流水通過，弧形的屋頂連結兩個空間，大片的玻璃牆面，整體造型非常前衛。我跟太太聽了很喜歡。有疑慮的是，整個建案不知要多少預算？房子是否能做到抗颱耐震？

應該是建築師在台北的業務太忙了，時間匆匆已經過一年多了，一直沒有接到建築師通知要進一步討論建案的細部規劃。而我得知他在我住的社區已接到要蓋好幾棟獨立透天厝的案子。所以我想他是沒有時間照顧我的案子了，因此我決定終止委託，另找其他建築師。

經土地賣主的介紹，很快在台東市找到一位年輕在地開業的建築師。他是在兩年前，帶著太太與兩位兒子從台北移居台東市。以幫助在地人或新移民蓋房子為業。

他接過案子後，自行前往勘查地形，瞭解日照，風向，視野等。很快就規劃好整個園區的配置圖，房子的方位，房子的模型。

簡報後，我跟太太都覺得很滿意，雙方也簽了約，我也付了第一期的設計費。建築師開始正式進行製作建築圖，以準備向政府申請建照。我也放心帶著太太出國旅遊。

美加東旅遊回來後，正在規劃下一趟要去哪裡？很想去愛琴海、地中海一帶走走看看。就在此時，醫師說病理報告證實太太得的是惡性腫瘤，是最難纏的癌細胞，已屬第三期，如發現有轉移就屬第四期了。要趕快用手術切除，進行化療，長期服藥。從此走入長達十五年的抗癌日子。

台東的建築師主動提出停建的建議。要我專心照顧妻子。

台東耕讀的夢……碎了！

第五節　抗癌的日子

歷經緊急切除手術，兩次間隔一星期的化療，每次化療後都嚴重高燒，因而終止化療，頭髮掉光了。停止化療後要長期服用藥物五年，每三個月要定期檢驗與拿藥。日子就在陪太太上醫院、大賣場買菜、買日用品，社區公園散步，深居簡出，日復一日過著。

幾個月後，太太身體已漸漸穩定，上醫院時間也已規律化。同事開始來邀約一起到郊區景點走走、一起午餐、聊天。我也開始帶她到雲林古坑喝台灣咖啡、住民宿，帶她到台南、台中看兒子劇團的演出。也帶她一起加入里辦公處舉辦的太極拳班，歌唱班，還有參加里長辦的里民一日遊活動。日子在平靜中日復一日渡過。

在這時間，我也參加內湖老人中心開辦的智慧型手機操作班，學會使用 Line 與朋友聊天，在 FB 上給人按讚，寫些感想、遊記、照片貼上 FB 與人分享。也參加攝影班正式認真學習拍照，學習製作影片。這些學習對我未來的生活很需要，是我對未來生活預作準備。

七十歲那年，我開始敲打「我的回憶錄」，七十一歲完成，也找出版社印了一百冊分送同事、同學。

七十三歲那年，太太的癌細胞開始轉移了，肺部、骨頭、腦部都佈滿癌細胞。歷經手術、電療，不停地進出一般病房、安寧病房，在我七十六歲那年，終不敵病魔的痛苦折磨，於四月八日離世。

這三年期間，媳婦的父親、太太的媽媽、我的媽媽也相繼過世。

如從退休起算十八年，我專心陪著太太過我們兩人的生活，如從結婚那天起算，我們一起經營我們的家五十年。

第六節　兒子結婚了

我六十九歲那年，我們突然接到兒子從印度寄來的一封很長的信。大意是說很感激我們對他的容忍與支持。讓他可以到現在還繼續篳路襤褸在開創自己的路上獨行。最後他說他想結婚了？如可以，也請我們兩老直接約她談談，以確定她的意願。等他回來後，再請她帶我們去見她的父母。

印度回來後，很快她們兩人就去辦了結婚登記。不辦儀式，沒有宴客。婚房設在新北投兒子的表演工作坊。隔年三月七日孫子出生了。

終於有機會抱孫了，讓太太可以擁有五年看著孫子慢慢長大的天倫之樂，使她的人生更趨近圓滿、無憾。

孫子滿月時，我在新北投飯店宴請親家。周歲時，在內湖家旁的飯店，宴請親友。餐廳門口貼了一張製作精美的大海報，裡面設有大銀幕，播放著我幫他製作長達二十分鐘的影片，是孫子從出生到周歲每月成長的活動記錄。

孫子慢慢長大，需要較大的室內活動空間，兒子也想早點恢復工作坊的運作。因此約兩年後，在淡水新市購置一間新房作為兒子的住家，距媳婦娘家也很近，方便就近照顧。新北投的空間又開始表演工作坊的營運。

新北投的空間是在兒子結婚前幾年買的，因實在不忍心看他到處借地方，到處租房子，好像一直在流浪。有天他告訴我們他看中在新北投的一間老公寓，位在新北投公園的上方，希望可以幫他買下來作為他的工作坊。

他先將老公寓原來的隔間拆除，重新規劃為表演區、工作區、與生活區並加入地板、牆壁的隔音工程。裝修後，再經他精心佈置，整個室內空間顯現出專業美感。他相當滿意，從此他所創立的「桑雅劇場」有了它專屬場地。開始專心在此從事劇場的研究、教學、創作、排練與表演，每年都有好幾場的演出，每次我們兩老都會前來當觀眾。兒子也翻譯日本舞踏創始人大野一雄的著作，交由國家劇院出版。

在他自己創團前，最早在大學時期就加入「金枝演社」，畢業後曾兩度加入「優人神鼓」並曾隨團到歐洲表演，也曾在國家劇院演出。

他曾去考台藝大的導演碩士班，但沒被錄取。

他在大三時，曾去參加一場在中央圖書館辦的國際哲學研討會，會中曾參與發言討論，會後告訴我他應也可以獨創一個領域。

他走向這條孤獨的文化創意研發之路，應該是從考進台大經濟系時，已開始在尋找他的人生旅程的路徑了。

記得大一剛開學不久，在一個颱風來臨前的下午，他約我們在台大附近的一家小餐廳一起晚餐，他說：「人大約可歸類為三種，一為朝九晚五型的上班族，二為學者、研究人員，三為文化創意人員。我不會走第一類，我會在第二、三類擇一。」

當時，我們只是聽聽他的想法，並沒有給他意見。

升上大四時，他找了三套舊衣服留下，其餘櫃子裡的衣物請媽媽幫忙清掉。我們已意識到他將選文化創意人之路，而他也知道了，這是一條漫長而辛苦之路，必須先抑制物資的慾望。

我也意識到，他將來會過得很辛苦，因此我開始為他買了帶有年金給付的終身壽險，預作準備，希望可以給他最低的生活保障。

時至現在，孫子已八歲了，他還是不改其志，繼續追尋三十年前他所選擇的目標。其執著的毅力，我也不得不佩服，也慶幸可以一路給予贊助。

第七節　獨行的日子

太太終於解脫病痛的折磨先行下車了，開啟我一個人獨行的日子。我不知道我一個人的日子怎麼過？這是全新的旅程經驗，需要我自行摸索。

我靜下心來，冷靜地想著，此刻，那些事需要有人幫忙？我很快做成決定，我認為應該先整理屋內各房間的空間，將這十幾年來所累積而沒再使用的東西清除，而這需要人幫忙。所以我趕忙請仲介公司安排印傭再延長四個月。

我跟外傭兩人，一間一間的整理，打開櫃子、抽屜，將裡頭的東西一件一件拿出來，逐一審視決定去留，禮拜六媳婦回來也加入清除工作，我也看了一本同事介紹的書《斷捨離——給想整理房間，也想整理人生的你》。

要清除的東西，裝入一袋一袋的大垃圾袋中，丟入社區垃圾間，要再留下的，則由外傭一件一件擦拭後，再重新歸位。所有房間都整理完了，四個月也到了，外傭由仲介公司帶走了，整個房子也似乎變得較輕了，房內也只剩我一個人在走動了，從此開始，我成為本社區唯一的獨居老人。

家中只有我一人，所有家務我要自己做，首先想房子的清潔，我一人會做不來，所以很快請媳婦在網上幫我僱一位清潔員，兩星期來一次大掃除，平日自己用吸塵器維護，應該也就夠了。衣服用洗衣機，我自己來應沒問題，燒開水用電的熱水機，三餐到外面吃，這樣就可應付日常生活了。幸運的是，颳風、下雨的日子也不用愁，社區大門兩旁各有一間超商，非常方便。這樣一個人生活，已經三年了。

外傭離開後，我過去的同事，開始打電話來關心，邀約一起聚餐聊天，我同住內湖的同學，也開始來電約與另外三位同學一起搭火車前往基隆、蘇澳、花蓮一日遊。也曾租車往台中太平山果園採百香果。

這其間，我也開始嘗試一個人搭車到淡水、野柳、金山、基隆正濱漁港、八斗子、深澳走走。並試著從網上訂民宿，一個人搭火車到宜蘭外澳沙灘看衝浪，住一夜第二天從烏石港搭客運回台北，預為全島趴趴走暖身。

這段期間，我也慢慢整理出自己的心情，清楚未來要怎麼做：

1. 我決定一個人到全國各地旅遊，重建我腦海中的台灣印象，以實現我多年來的夢想。

2.我將以照片、錄影記錄旅遊的足跡。

3.我要重寫回憶錄。

從民國一一一年九月起，開始一個人旅遊了，我計畫每月出遊一次，每次以四天三夜為期。首站選最南端的墾丁恆春，那天，當我找到預定好的民宿「經典公仔主題民宿」，民宿主人蔡老師一看到我，有點嚇到，他說：「我還沒見過，一位八十歲的老人，一個人背著背包出來旅遊。」

我在訂房時，已拜託蔡老闆幫我規劃旅遊的景點與行程，也請他幫我租車。因當時公視剛上演完斯卡羅的影集，所以我請蔡老闆，盡量將影集中的場景，列入我的行程中。

蔡老闆接著說：「你先去吃午餐，休息一下，這兩天我帶你去玩，你要的景點我都排好了，我前天已去走一趟了。」

下午，他自己開車，載我一人參訪以下這些景點：

琉球藩民五十四民墓、石門古戰場、車城福安宮、射寮棉仔的家、琅嶠灣與我指定的關山看落日。

第二天早上參訪的景點：

猴洞公園、恒春古城西門、北門、東門、南灣、八寶公主廟、砂島、風吹沙、南門。

下午行程：

後壁湖、星沙灣、貓鼻頭、龜山步道、後灣落日

因隔天就要離開前往東港，晚上我問蔡老闆：「這兩天讓你開車到那麼多地方，要加多少錢？」

老闆笑著說：「不用，不用，免費，我還要謝謝你。」

「喔？？？」

他接著說：「你是第一位要我規劃斯卡羅旅遊路線的客人，將來可能帶來許多商機，這兩天帶你走一遍，應算是我踩點的工作，所以你不用另外付費。」

真的是無心插柳，讓我省了上萬元。

第三天一早，我搭上客運，轉往東港，在接近中午時到達，天氣很熱，一時找不到訂好的商旅，問了三位路人，最後一位中年人，看看我，主動說：「我開車送你過去。」

台灣最美的風景是人，我看到了。

下午三點，我搭上計程車，請司機帶我到大鵬灣，遊灣的船要有兩位客人才開船，所以我請司機一起上船，繞遊大鵬灣一圈。再載我去看東港最大的一間廟，並在廟旁一家冰果室請我吃一大碗水果冰。最後再帶我到一家海產店，要我一個人進去吃晚餐，吃完打電話給他，他再來接我回旅店。

回到旅店，我約司機明天再來接我到左營高鐵站，我打算提早回台北，因有颱風緊追在後。

這次恆春之旅的圓滿成功，給了我很大的信心，讓我更有興趣規劃後續的旅程了：

十月高雄愛河。

十一月台東池上、長濱、台東市。

十二月屏東市縣民公園、圖書館、勝利新村。

隔年：

一月親子之旅 新竹綠世界、北埔老街。

二月台南井子腳鹽田、高雄愛河燈光秀。

三月新竹香山、南寮漁港、城隍廟、青草湖。

四月、五月、六月因疫情暫停。

七月台中高美溼地、梧棲漁港、東海大學、科博館。

八月親子之旅 阿里山。

九月地震取消南橫之旅。

十月原計畫再度南橫之旅，但因大雨落石道路中斷，改南迴之旅。

十一月嘉義故宮南院、東石、布袋。

十二月暫停。

隔年：

一月雲林斗六、北港、西螺、虎尾。

二月親子之旅 台南 孔廟、延平郡王祠、延平古堡、樹屋、海關古厝、億載金城、漁光島、奇美博物館、十鼓擊鼓表演、四草綠色隧道、林百貨。

親子之旅主要是三個大人陪孫子的寒暑假作業。這次台南之旅在全家四人通力合作下，相當圓滿、愉快、豐富了我的記憶。

台南這地點是媳婦選的，她說已二十年沒到台南了。她負責預定民宿、買高鐵車票、到餐廳為全家點餐買單、到各景點買門票、買飲料點心、隨時注意全家大小的安全，不斷地提醒、叮嚀，很貼心。

兒子負責查 google 找路，查公車時間，第三天則決定租車自駕，帶著全家走完全日的行程。包含：四草綠色隧道、延平海關古厝、安平古堡與附近的懷舊古巷、德記洋行、樹屋、安平漁人碼頭、林默娘園區、億載金城、漁光島等景點。

我最輕鬆、最享受，行前有幫兒子規劃四天的行程，而這四天則僅是隨孫子吃吃喝喝，與負責拍照，盡情地享受旅遊的樂趣。

孫子最快樂了，每天隨大人的腳步，到處東張西望，探索著這屬於他的新世界。我原有一點擔心，他對這古城可能會覺得無聊、沒興趣，可是好像沒有。四天的相處，反而覺得孫子不一樣了、長大了。

以下是幾則我與孫子的互動。

第一天

在林百貨，我忙著四處看看，找尋拍照點時，回身發覺他正與一位大哥哥在下棋，我停在遠處看著他們，直到大哥哥轉身走了，他整理一下棋盤，慢慢走過來，我問誰贏，他淡定的回：「都是我贏」，沒有興奮的表情。

晚上，我拿遙控器按一陣，銀幕就是不動，他問：「阿公，要看那一台？」

我說：「三立新聞台。」

他接過遙控器，看他按幾下就找到了。

第二天

中午在奇美博物館，媳婦要我帶孫子進餐廳先吃，她們等一會兒就過來。坐下來拿起菜單，各點各的。吃了幾口後，他突然抬頭說：「這次我選對了，太好吃了。」

我心想：「喔！他真的很認真在點他的菜。」

我吃完，隨意轉身，對著旁邊的高架大花盆拍了一張照，我拿給他看，問：「好看嗎？」

他回：「你盆裡的花拍太少了，要多點才好看。」

喔，我認為他說得沒錯。

「阿公，借我拍一張。」他拿起手機，對著牆壁上的畫作，移動著身體，眼睛看一下牆上的畫，看一下手機銀幕，手指在銀幕上左右移動，拍下一張，拿給我看，我說：「上下邊太多」

他說：「這沒辦法避免啊？」

他猶疑一下，突然說：「我知道了，再借我拍一次。」

這次他橫著手機拍，哇！太厲害了，那張畫真的被他框出來了。

餐後，走到大廳，我仰望圓型的屋頂拍了一張，拿給他看，他立即回說：「不好，這兩角有小黑點。」

我嚇一跳，咦！他怎麼也看到這點，跟老師一樣……

第四天

在知事官邸，我又拍一張給他看，他問：「阿公，這張的主題是那一邊？」主題？哇！！他怎麼會這樣問？

中午約十二點，到一家名為「窄門」的餐廳。還名符其實，要找到這窄門也真不容易，要側身才能擠進一條小巷，巷中有一道窄梯通往二樓。室內還算寬敞，佈置得古色古香。點完菜，老闆說：「今天員工都請假，上菜會慢一點。」

我去轉了一圈，拍了幾張照片，孫子看了說：「借我也拍幾張。」

最後一集影片有好幾張照片是他拍的。

餐後，擠出窄門，覺得應該拍一張，他看了後說：「我也要拍一張。」看他小小身軀，擺出拍照的姿勢，有模有樣地拍了一張，我說：「咦！你怎麼拍成這樣？」

他笑著回：「我故意的。」

我看了看，仔細比對，發覺他拍得比我有意思。

我已感覺，除了下棋輸他，可能連照相也很快贏不了他了。

總結這四天的旅遊：

讓我拍了幾百張的照片，製作了九部影片，分送親友觀賞。

品嚐了台南美食、日式料理、土耳其餐、中、西餐點。

欣賞到十鼓的擊鼓表演，感動得眼眶泛淚，孫子也起身用力鼓掌。

看到赤崁樓好像變小了，億載金城變漂亮了，古都小巷的驚豔，綠色隧道的自然景觀，運河的乾淨與美化，奇美的小提琴，漁光島的落日。

更重要的是發現孫子不一樣了。

很精彩，很滿意，很值得。

三月原預定到苗栗，但行程一直沒定案，所以遲遲沒有電請我同學預訂西湖渡假村的客房。同學主動打電話來追蹤，說四月底賞螢活動開始，房間會愈來愈難訂，所以幫我先保留一間房，時間是四月二十六、二十七、二十八三晚。加上先前已跟兩位同學確定到澎湖玩四天三夜，時間四月十七、十八、十九號三晚。因此四月已有兩次的旅遊行程了。

五月咧？？？不知道……

後記

今天（一一二年）四月一日，愚人節，是我人生重要的日子，我四月一日到國泰人壽電腦部報到，也是四月一日被徵調國泰醫院籌備處。

我是以淡大電算中心程式設計師的資歷，受聘到國泰人壽擔任電腦程式設計師，是淡大養成了我。

但確是國泰醫院成就了我。

在國泰醫院二十三年，其中二十年擔任管理部主任，負責醫院的財務、人事、業務。一切從零開始。不管別人怎麼想，我明確認為國泰醫院的行政作業，是我個人畢生精心的創作。

是誰將一般會計推向管理會計？在商界、醫界我是第一人。

是誰將管會作業由人工轉換為成電腦化？在商界、醫界我是第一人。

是誰制訂與推動目標管理與員工獎金制度？在醫界我是第一人。

是誰將員工的薪資制度由年資制轉換為職務薪制?在商界、醫界我是第一人。

我所設計的制度與作業系統,經歷醫院不斷成長的考驗。我一路陪著醫院長大。順利從國泰人壽以協理待遇退休。離開在國泰三十二年的職業生涯,迄今已過了二十一年。

前十八年我陪著我太太旅遊、看病,三年前成為獨居老人。慢慢摸索,為自己制訂了生活目標:

1.去全國各地旅遊,重建我腦海中的台灣印象。

2.學習攝影,製作影集,記錄我的足跡。

3.多參加同學、朋友的聚會、聊天。

4.寫作,以重寫我的回憶錄開始。

三年來,我確實執行我制訂的生活目標,成功地將獨居的日子轉換成我的黃金時光。讓人稱羨,都想以我為標竿。這段時間我的確是快樂的,但以後呢?

我不知道了！！！

我的回憶錄應該到此結束了。

如不幸被算命師言中，未來還有漫長的二十年要活。我應該努力的是好好地把握當下，過好今天。讓未來的二十年過得好像是今天，也就是做到度日如年，淡淡的，淡淡的，只要平平順順，不需要精彩，也不需要評論了。也不用再寫了，因都是一樣的生活。而心中尚存懸念的是，在我離開時，是否能以「善終」結束我一生。

我想，未來會看到我人生終點、會評論我一生的是我的孫子。現在下棋已輸他了，拍照也快要贏不了他了。我想留下回憶錄給他看，讓他繼續比對、評論，那些又輸他了，哈！有那些還贏他？

最後我要謝謝那些幫助過我的貴人，我很清楚，我不會忘記。

也要謝謝在我人生中曾與我相遇的人。

謝謝大家！

國家圖書館出版品預行編目資料

夕陽依舊燦爛——前塵回憶錄 / 謝何修著
--初版-- 臺北市：博客思出版事業網：2024.2
面；　公分. --（現代文學；81）
ISBN：978-986-0762-71-6(平裝)

1.CST: 謝何修 2.CST: 回憶錄

783.3886　　112020031

現代文學 81

夕陽依舊燦爛——前塵回憶錄

作　　者：謝何修
編　　輯：塗宇樵、古佳雯、楊容容
美　　編：塗宇樵
封面設計：塗宇樵
出　　版：博客思出版事業網
地　　址：臺北市中正區重慶南路1段121號8樓之14
電　　話：(02) 2331-1675 或 (02) 2331-1691
傳　　真：(02) 2382-6225
E - MAIL：books5w@gmail.com或books5w@yahoo.com.tw
網路書店：http://5w.com.tw/
https://www.pcstore.com.tw/yesbooks/
https://shopee.tw/books5w
博客來網路書店、博客思網路書店
三民書局、金石堂書店
經　　銷：聯合發行股份有限公司
電　　話：(02) 2917-8022　傳真：(02) 2915-7212
劃撥戶名：蘭臺出版社　帳號：18995335
香港代理：香港聯合零售有限公司
電　　話：(852) 2150-2100　傳真：(852) 2356-0735
出版日期：2024年2月 初版
定　　價：新臺幣300元整（平裝）
I S B N：978-986-0762-71-6